A ciência de
FICAR
RICO

Título original: The Science of Getting Rich
Tradução e atualização da edição de 1910
Copyright © Editora Lafonte Ltda. 2021

Todos os direitos reservados.
Nenhuma parte deste livro pode ser reproduzida sob quaisquer meios existentes sem autorização por escrito dos editores.

Direção Editorial	**Ethel Santaella**
Tradução	**Débora Ginza**
Revisão	**Rita del Monaco**
Diagramação	**Demetrios Cardozo**
Texto de capa	**Dida Bessana**
Capa	**Angel Fragallo / Fullcase**
Imagem de capa	**ThomasVogel / istockphoto.com**

```
Dados Internacionais de Catalogação na Publicação (CIP)
            (Câmara Brasileira do Livro, SP, Brasil)

    Wattles, Wallace D.
       A ciência de ficar rico / Wallace D. Wattles ;
    tradução Débora Ginza. -- São Paulo : Lafonte, 2021.

       Título original: The Science of Getting Rich
       ISBN 978-65-5870-186-6

       1. Autoajuda 2. Autorrealização (Psicologia)
    3. Riqueza I. Ginza, Débora. II. Título.

21-82816                                       CDD-158.1
             Índices para catálogo sistemático:

    1. Prosperidade e riqueza : Psicologia aplicada
       158.1

    Aline Graziele Benitez - Bibliotecária - CRB-1/3129
```

Editora Lafonte

Av. Profª Ida Kolb, 551, Casa Verde, CEP 02518-000, São Paulo-SP, Brasil - Tel.: (+55) 11 3855-2100
Atendimento ao leitor (+55) 11 3855-2216 / 11 – 3855-2213 – atendimento@editoralafonte.com.br
Venda de livros avulsos (+55) 11 3855-2216 – vendas@editoralafonte.com.br
Venda de livros no atacado (+55) 11 3855-2275 – atacado@escala.com.br

A ciência de FICAR RICO

Wallace D. Wattles

tradução
Débora Ginza

Lafonte

Brasil * 2021

ÍNDICE

O direito de ser rico	11
Existe uma ciência para ficar rico	17
A oportunidade não é monopolizada	25
O primeiro princípio da ciência para ficar rico	31
Progredindo na vida	41
Como a riqueza vem até você	51
Gratidão	59
Pensando de maneira assertiva	67
Como usar a força de vontade	75
Outros usos da força de vontade	83
Agindo de maneira assertiva	93
Ação eficiente	101
Entrando no negócio certo	109
A impressão de prosperidade	117
A pessoa próspera	125
Alguns cuidados e observações finais	133
Resumo da ciência de ficar rico	141

Prefácio

Este livro é pragmático, não filosófico; um manual prático, não um tratado teórico. Destina-se a homens e mulheres que querem dinheiro antes de mais nada. Foi escrito para aqueles que desejam ficar ricos primeiro e filosofar depois. É para pessoas que, até agora, não encontraram tempo, meios, nem a oportunidade de aprofundar-se no estudo da metafísica, mas que querem resultados e estão dispostos a aceitar as conclusões da ciência como base para a ação, sem necessidade e nem tempo para entrar em todos os processos e análises que fundamentam essas conclusões.

Espera-se que o leitor aceite as afirmações fundamentais com base na confiança, assim como faria em relação a uma lei da eletricidade se fosse promulgada por Marconi ou Edison. E, ao aceitar as afirmações, ele provará sua verdade, agindo de acordo com elas, sem medo ou hesitação. Todo homem ou mulher que fizer isso certamente ficará rico. A ciência aqui aplicada é uma ciência exata, e o fracasso é impossível. Para o benefício, no entanto, daqueles que desejam investigar teorias filosóficas e assim garantir uma base lógica do que vou expor, citarei aqui vários pensadores.

A teoria monista[1] do universo, ou seja, a teoria de que *Um é Tudo e Tudo é Um*, de que *uma Substância manifesta-se como os muitos elementos aparentes do mundo material*, é de origem hindu e tem conquistado gradualmente seu espaço no pensamento do mundo ocidental há mais de trezentos anos. É a base de todas as filosofias orientais e também das filosofias de Descartes, Spinoza, Leibniz, Schopenhauer, Hegel e Emerson.

Aconselho o leitor que deseja estudar com mais intensidade os fundamentos filosóficos a ler Hegel e Emerson. Também seria útil ler uma série de artigos escritos por este autor que foram publicados na revista *Nautilus* (Holyoke, Massachusetts) entre a primavera e o verão de 1909, com o título de *What is truth?* ("O que é verdade?")

Ao escrever este livro, sacrifiquei todas as outras con-

---

1   O monismo é uma visão da realidade que apresenta algumas variantes. Refere-se a um pensamento metafísico que afirma que tudo que existe (a realidade em seu conjunto) esta e é formado por um só elemento originário.

siderações em nome da clareza e da simplicidade de estilo, para que todos pudessem compreendê-lo. O plano de ação aqui estabelecido foi retirado das conclusões filosóficas; foi exaustivamente estudado e passou pelo teste supremo da experiência prática. Por isso, posso garantir que funciona. Se você deseja saber como as conclusões foram obtidas, leia os autores mencionados acima, e se deseja colher os frutos de suas filosofias na prática, leia este livro e faça exatamente o que ele lhe diz para fazer.

O AUTOR

O direito de ser rico

APESAR DE QUALQUER ELOGIO QUE SE POSSA FAZER À POBREZA, E DE QUÃO digno e virtuoso seja viver nessa condição o fato é que não é possível viver uma vida realmente completa ou bem-sucedida a menos que você seja rico. Ninguém consegue atingir seu mais alto nível de talento ou desenvolvimento espiritual e humano se não tiver dinheiro. Para despertar espiritualmente e desenvolver os próprios talentos, é necessário ter muitas coisas e aprender a usá-las. E não é possível ter todas elas sem que tenhamos dinheiro para comprá-las.

Uma pessoa desenvolve sua mente, espírito e corpo físico fazendo uso de coisas; e a sociedade é organizada de forma a que essa pessoa tenha dinheiro e a posse das coisas; portanto, a base de toda evolução deve ser a ciência de ficar rico.

O objetivo de toda vida é o desenvolvimento, a evolução, e tudo o que vive tem direito inalienável ao máximo de desenvolvimento que é capaz de atingir.

O direito do ser humano à vida significa o seu direito de ter o uso livre e irrestrito de todas as coisas que podem ser necessárias para seu pleno desenvolvimento mental, espiritual e físico; ou, em outras palavras, seu direito de ser rico.

Neste livro, não falarei de riqueza no modo figurado. Ser rico significa não estar satisfeito com pouco. Ninguém deve contentar-se com pouco se for capaz de usar e desfrutar mais. A finalidade da natureza é o progresso e o desabrochar da vida, e todos devem ter tudo aquilo que pode contribuir para o poder, a elegância, a beleza e a riqueza da vida. Ficar contente com menos é perverso.

A pessoa que possui tudo o que deseja para ter a vida que é capaz de viver é rica, e ninguém que não tenha dinheiro pode ter tudo o que deseja. A vida avançou tanto e tornou-se tão complexa que até o homem ou a mulher mais comum precisa de riqueza para viver de uma maneira que se aproxime da perfeição. Cada pessoa, naturalmente, deseja tornar-se tudo de que é capaz. Esse desejo de realizar possibilidades inatas é inerente à natureza humana; não podemos deixar de querer ser tudo o que podemos ser. Ter sucesso na vida significa ser o que você quer ser. Você pode transformar-se no que deseja ser apenas fazendo uso das coisas, e você pode usar as coisas livremente apenas quando se tornar rico o suficiente para comprá-las. Compreender a ciência de ficar rico é, portanto, o mais essencial de todos os conhecimentos.

Não há nada de errado em querer ficar rico. O desejo de riqueza é, realmente, o desejo de uma vida mais próspera, plena e abundante. E esse desejo é louvável. A pessoa que não deseja viver com mais abundância é anormal e, portanto, a pessoa que não deseja ter dinheiro suficiente para comprar tudo o que quer e ir aonde quiser também é anormal.

Existem três motivos pelos quais vivemos: vivemos para o corpo, vivemos para a mente e vivemos para a alma. Nenhum deles é melhor ou mais sagrado do que o outro; todos são igualmente desejáveis; e ninguém, pode viver plenamente se um deles for privado de plena vida e expressão.

> **Ninguém deve contentar-se com pouco, se for capaz de usar e desfrutar mais.**

Não é certo ou nobre viver apenas para a alma e negar a mente ou o corpo e também é errado viver para o intelecto e negar o corpo ou a alma.

Todos nós conhecemos as horríveis consequências de viver para o corpo e negar a mente e a alma; e vemos que a vida real significa a expressão completa de tudo o que uma pessoa pode transmitir por meio do corpo, da mente e da alma. Independentemente do que uma pessoa possa dizer, ela não pode ser realmente feliz ou estar satisfeita a menos que seu corpo esteja vivendo plenamente em cada uma de suas funções e a menos que o mesmo seja verdade para sua mente e sua alma. Onde quer que haja uma possibilidade não declarada ou uma função não desempenhada, haverá um desejo insatisfeito. O desejo é a possibilidade em busca da expressão ou a função em busca do desempenho.

Uma pessoa não pode viver plenamente no corpo sem boa comida, roupas confortáveis, abrigo aconchegante e sem estar livre do trabalho excessivo. O descanso e a recreação também são necessários.

Ninguém pode ter uma vida mental plena sem livros e tempo para estudá-los, sem oportunidades para viagens e observação ou sem companhia intelectual.

Para ter uma vida mental plena, uma pessoa deve ter lazer intelectual e deve cercar-se de todos os objetos de arte e beleza de que ela é gosta de usar e apreciar.

Para viver plenamente na alma, uma pessoa deve ter amor, e o amor é uma expressão dificultada pela pobreza.

A maior felicidade de uma pessoa é encontrada na concessão de benefícios àqueles que ama; o amor encontra sua expressão mais natural e espontânea na forma de doação. A pessoa que não tem nada para doar não pode assumir seu lugar como cônjuge, pai, mãe, cidadão ou como ser humano. É no uso das coisas materiais que a pessoa encontra vida plena para seu corpo e desenvolvimento para sua mente e alma. Portanto, é de suma importância que ela seja rica.

É perfeitamente certo que você deseje ser rico; se você é um homem ou mulher normal, não pode evitar. É perfeitamente certo que você queira dar sua melhor atenção à Ciência de Ficar Rico, pois é o mais nobre e necessário de todos os estudos. Se você negligenciar este estudo, estará abandonando seu dever para consigo mesmo, para com Deus e para com a humanidade, pois você não pode prestar a Deus e à humanidade maior serviço do que dar o melhor de si mesmo.

Existe uma ciência para ficar rico

EXISTE UMA CIÊNCIA PARA FICAR RICO, E É UMA CIÊNCIA EXATA, COMO A álgebra ou a aritmética. Existem certas leis que governam o processo de aquisição de riquezas, e uma vez que essas leis sejam aprendidas e obedecidas por qualquer pessoa, ela irá enriquecer com precisão matemática.

A posse do dinheiro e da propriedade vem como resultado de fazer as coisas de maneira assertiva[2], e aqueles que

---

2   A expressão "maneira assertiva", vai aparecer muitas vezes neste livro. É o centro da ideia que significa agir de forma positiva, afirmativa, objetiva, agir com convicção em busca do objetivo. (N.T.)

fazem as coisas de maneira assertiva, seja proposital ou acidentalmente, enriquecem. Por outro lado, aqueles que não fazem as coisas de maneira assertiva, não importa o quanto trabalham ou quanto são capazes, continuam pobres.

É uma lei natural, na qual causas semelhantes sempre produzem efeitos semelhantes. Portanto, qualquer homem ou mulher que aprender a fazer as coisas dessa determinada maneira começará infalivelmente a enriquecer.

> Existem pessoas avarentas e pobres e existem pessoas ricas que esbajam.

A prova de que a afirmação acima é verdadeira está nos seguintes fatos: enriquecer não é uma questão de ambiente. Se fosse, todas as pessoas em certos bairros se tornariam ricas; as pessoas de uma cidade seriam todas ricas, em oposição às de outras cidades que seriam todas pobres; ou os habitantes de um estado acumulariam riqueza, ao passo que os de um estado vizinho permaneceriam na pobreza.

Em todos os lugares, vemos ricos e pobres vivendo lado a lado, no mesmo ambiente, e muitas vezes exercendo as mesmas profissões. Quando duas pessoas estão na mesma localidade e no mesmo negócio, e uma fica rica enquanto a outra permanece pobre, isso mostra que enriquecer não é, uma questão de ambiente. Alguns ambientes podem ser mais favoráveis do que outros, mas quando duas pessoas estão no mesmo negócio e só uma delas enriquece, ao passo que a outra fracassa, isso indica que enriquecer é o resultado de fazer as coisas de uma determinada maneira.

E, além disso, a capacidade de fazer as coisas de maneira assertiva não se deve apenas à posse de talento, pois mesmo muitas pessoas com grande talento permanecem pobres, enquanto outras com muito pouco talento enriquecem.

Estudando as pessoas que ficaram ricas, descobrimos que elas são comuns e normais em todos os aspectos, não tendo maiores talentos e habilidades do que outras pessoas. Portanto, elas não ficaram ricas porque possuem talentos e habilidades que outras pessoas não têm, mas porque fazem as coisas de maneira assertiva.

Ficar rico não é o resultado de economizar ou ser avarento. Existem pessoas avarentas e pobres e existem pessoas esbanjadoras e ricas.

A pessoa também não enriquece por fazer coisas que outros deixam de fazer. Duas pessoas no mesmo negócio quase sempre fazem as mesmas coisas. No entanto, uma pode ficar rica ao passo que a outra permanece pobre ou à falência.

Diante de tudo isso, concluimos que ficar rico é o resultado de fazer as coisas de determinada maneira.

Portanto, se ficar rico é o resultado de fazer as coisas de maneira assertiva, e se causas semelhantes sempre produzem efeitos semelhantes, então qualquer pessoa que fizer as coisas de maneira assertiva pode se tornar rica, e este assunto encaixa-se perfeitamente no domínio das ciências exatas.

A questão que surge aqui é que essa maneira assertiva pode ser tão difícil que apenas algumas pessoas conseguem segui-la. Mas, como já vimos, isso não é verdade, porque trata-se de e uma habilidade natural. Pessoas talentosas ficam ricas, mas as tolas também. Pessoas intelectualmente brilhantes ficam ricas e pessoas muito bobas também ficam ricas; pessoas fisicamente fortes ficam ricas assim como pessoas fracas e doentes.

Algum grau de habilidade para pensar e compreender é obviamente essencial; mas, no que diz respeito à habilidade natural, qualquer homem ou mulher que tenha bom senso o suficiente para ler e compreender estas palavras certamente pode ficar rico.

Além disso, vimos que também não é uma questão de ambiente. É claro que a localização conta para alguma coisa, porque ninguém iria ao coração do Saara na esperança de fazer muitos negócios.

Enriquecer envolve a necessidade de negociar com pessoas e de estar onde há pessoas com quem negociar. E, se essas pessoas estiverem inclinadas a negociar da maneira que você deseja, tanto melhor. E isso não depende do ambiente. Se alguém mais em sua cidade ou em seu estado ficou rico, você também pode ficar.

Novamente, ficar rico não é uma questão de escolher um determinado negócio ou profissão. As pessoas podem ficar ricas em qualquer negócio ou profissão, enquanto seus vizinhos de porta com a mesma profissão permanecem na pobreza.

É verdade que você se sairá melhor em um negócio de que gosta e que seja adequado a você. E, se você tem certas habilidades bem desenvolvidas, você se sairá melhor em um negócio que exige o exercício dessas habilidades.

Além disso, você se sairá melhor em um negócio adequado à sua localidade; uma sorveteria irá vender muito mais em um clima quente do que na Groenlândia, e a pesca do salmão será mais bem-sucedida na Noruega do que na Flórida, onde não há salmão.

Mas, com exceção dessas limitações gerais, ficar rico não depende de envolver-se em algum negócio específico, mas de aprender a fazer as coisas de maneira assertiva. Caso você esteja agora em um negócio e não esteja enriquecendo e outra pessoa em sua localidade esteja enriquecendo com o mesmo negócio, é porque você não está fazendo as coisas como a outra pessoa está fazendo.

Ninguém pode falar que não enriquece por falta de capital. É verdade que, à medida que você obtém capital, o crescimento torna-se mais fácil e rápido, mas quem tem capital já é rico e não precisa pensar em como se tornar rico. Não importa quanto pobre você é, se você começar a fazer as coisas de maneira assertiva, você começará a enriquecer e começará a ter capital. A obtenção de capital é parte do processo de enriquecimento e é uma parte que você alcança ao fazer as coisas de maneira assertiva.

Você pode ser a pessoa mais pobre do continente e estar totalmente endividada. Você pode não ter amigos, nem influência, nem recursos, mas, se você começar a fazer as coisas de maneira assertiva, você certamente começará a enriquecer, pois causas semelhantes devem produzir efeitos semelhantes. Se você não tem capital, irá obter capital; se você está no negócio errado, pode entrar no negócio certo. Caso esteja no local errado, você pode ir para o local certo e pode fazer isso começando em seu negócio atual e em sua localização atual, fazendo as coisas de maneira que causará o sucesso.

A oportunidade não é monopolizada

Ninguém permanece pobre porque não lhe deram oportunidade, porque outras pessoas monopolizaram a riqueza e colocaram uma cerca em torno dela. Você pode ser impedido de envolver-se em negócios de certas áreas, mas existem outras portas abertas para você. Provavelmente será difícil para qualquer pessoa conseguir o controle de grandes empresas em áreas que já estão bem desenvolvidas, mas sempre haverá oportunidades.

Em diferentes períodos, a correnteza de oportunidades segue em diferentes direções, de acordo com as necessidades coletivas e com o estágio da evolução alcançada pela sociedade. As pessoas podem atuar na indústria, no comércio, na agricultura e nas mais diversas áreas que surgem a cada ano. Existe uma abundância de oportunidades para a pessoa que seguir o fluxo das águas, em vez de nadar contra.

Portanto, os trabalhadores, como indivíduos ou como classe, não são privados de oportunidades. Os trabalhadores não estão sendo "reprimidos" por seus patrões; não estão sendo "esmagados" por grandes empresas. Como uma classe, eles estão onde estão porque não fazem as coisas de maneira assertiva. Se decidissem seguir determinada maneira, poderiam seguir o exemplo de outras pessoas e abrir lojas ou indústrias; poderiam eleger homens de sua confiança para cargos e aprovar leis favoráveis aos seus negócios.

A classe trabalhadora pode se tornar a classe empregadora sempre que começar a fazer as coisas de maneira assertiva. A lei da riqueza é a mesma para todos. Os trabalhadores devem aprender isso ou permanecerão onde estão enquanto continuarem a fazer o que fazem.

O trabalhador individual não é reprimido pela ignorância ou preguiça mental de sua classe; ele pode seguir a correnteza de oportunidades rumo à riqueza, e este livro está dizendo como.

Ninguém permanece na pobreza por falta de oferta de riquezas; há mais do que suficiente para todos. Um palácio tão grande quanto o Capitólio, em Washington, pode ser construído para cada família na terra somente com o material de construção existente nos Estados Unidos; e com cultivo intensivo, esse país produziria lã, algodão, linho e seda o suficiente para vestir todas as pessoas do mundo com mais elegância do que Salomão vestiu-se em toda a sua glória, além de comida suficiente para alimentar a todos com fartura. A fonte visível de riquezas é praticamente inesgotável e a fonte invisível é realmente inesgotável.

Tudo que você vê na terra é feito de uma substância original, da qual todas as coisas existentes procedem.

Novas formas são criadas constantemente, e as mais antigas vão se dissolvendo, mas todas são formas assumidas por uma matéria.

Não há limite para a fonte de matéria amorfa ou substância original. O universo é feito disso, mas nem tudo foi usado para fazer o universo. Os espaços dentro, através e entre as formas do universo visível são

> A classe trabalhadora pode se tornar a classe empregadora: a lei da riqueza é a mesma e vale para todos.

permeados e preenchidos com a substância original, com a matéria amorfa, com a matéria-prima de todas as coisas. Mesmo que seja feito milhares de vezes mais do que já foi feito, mesmo assim não esgotaríamos a fonte de matéria-prima do universo.

Portanto, ninguém é pobre porque a natureza é pobre, ou porque não há o suficiente e nem possibilidadespara todos.

A natureza é um celeiro inesgotável de riquezas e o suprimento delas nunca vai acabar. A substância origin al está viva, com energia criativa, e está constan temente produzindo mais formas. Quando a fonte de matéria-prima esgota-se, mais matéria-prima é produzida; quando o solo se exaure, de forma que os alimentos e materiais para roupas não possam mais crescer nele, ele será renovado ou mais solo será criado. Quando todo o ouro e prata tiverem sido extraídos da terra, se o homem ainda estiver em um estágio de desenvolvimento social que necessite de ouro e prata, mais será produzido a partir da matéria amorfa. A matéria amorfa responde às necessidades do ser humano, não vai deixá-lo ficar sem o que é bom para ele.

Isso é verdade para toda a humanidade, que é sempre abundantemente rica e, se os indivíduos são pobres, é porque não seguem maneira assertiva fazendo as coisas, o que os tornaria ricos.

A matéria amorfa é inteligente e é matéria pensante. Está viva e sempre é impulsionada para mais vida.

Buscar viver mais é o impulso natural e inerente à vida. É da natureza da inteligência ampliar-se e da consciência buscar estender seus limites e encontrar uma expressão mais plena. O universo das formas foi feito pela substância viva amorfa que assume uma forma para expressar-se mais plenamente.

O universo é uma grande presença viva, sempre se movendo em direção à mais vida e funcionamento mais pleno.

A natureza foi constituída para o avanço da vida e sua força motriz é a prosperidade da vida. Por essa razão, tudo o que pode servir à vida é abundantemente fornecido; não pode faltar nada, a menos que Deus se contradiga e anule as próprias obras.

Você não permanece pobre por falta de fonte de riquezas. É um fato que demonstrarei um pouco mais adiante, que mesmo os recursos da fonte amorfa estão sob o comando do homem ou da mulher que agir e pensar de maneira assertiva.

O primeiro princípio da ciência para ficar rico

O PENSAMENTO É A ÚNICA FORÇA QUE TEM A CAPACIDADE DE PRODUZIR riquezas tangíveis da Substância Amorfa. A matéria de que todas as coisas são feitas é uma substância que pensa, e ao pensar nas formas essa substância as produz.

A substância original move-se de acordo com os próprios pensamentos; cada forma e processo que você vê na natureza é a expressão visível de um pensamento da substância original. Quando a matéria amorfa "pensa" em uma forma, ela assume essa forma, ela se cria; ao "pensar" em uma ação, ela se faz. É assim que todas as coisas são criadas. Vivemos em um mundo de pensamento, que faz parte de um universo de pensamento.

O pensamento de um universo em movimento ampliado pela Substância Amorfa e a matéria pensante, que se move de acordo com esse pensamento, assumiu a forma de sistemas planetários e mantém essa forma. A substância pensante assume a forma de seu pensamento e move-se de acordo com o pensamento. Mantendo a ideia de um sistema circular de sóis e mundos, ela assume a forma desses corpos e os move enquanto pensa. Pensando na forma de um carvalho de crescimento lento, ela move-se de acordo e produz a árvore, embora possam ser necessários séculos para realizar o trabalho. Ao criar, a Substância Amorfa parece mover-se de acordo com as linhas de movimento que estabeleceu; o pensamento de um carvalho não causa a formação instantânea de uma árvore adulta, mas coloca em movimento as forças que produzirão a árvore, ao longo de linhas de crescimento estabelecidas.

> **O pensamento é a única força que tem a capacidade de produzir riquezas tangíveis, e o ser humano é um centro pensante.**

Todo pensamento de uma forma, mantido dentro da substância pensante, causa a criação da forma pensada, mas sempre ao longo de linhas de crescimento e ação já estabelecidas.

O pensamento de construir uma casa, se estivesse na Substância Amorfa, não pode causar a formação instantânea da casa, mas causa o direcionamento das energias criativas que já atuam no comércio e em outros canais que vão resultar na construção da casa. E se não houvesse canais existentes através dos quais a energia criativa pudesse trabalhar, então a casa seria formada diretamente da substância inicial, sem esperar os lentos processos do mundo orgânico e inorgânico.

Nenhum pensamento de uma forma pode ser impresso na substância original sem causar a criação dessa forma.

O ser humano é um centro pensante e pode criar pensamentos. Todas as formas que uma pessoa molda com as mãos precisam primeiro existir em seu pensamento. Ninguém pode moldar uma coisa até que tenha pensado nessa coisa.

O ser humano sempre concentrou seus esforços inteiramente no trabalho de suas mãos, aplicando o trabalho manual ao mundo das formas, buscando mudar ou modificar as já existentes. Ele nunca tentou a criação de novas formas, imprimindo seus pensamentos sobre a Substância Amorfa.

Quando uma pessoa tem um pensamento criativo, ela obtém material das formas da natureza e faz uma imagem da forma que está em sua mente. Até esse momento, ela fez pouco ou nenhum esforço para cooperar com a inteligência amorfa, para trabalhar "com o Pai". A pessoa nem sonha que pode "fazer o que vê o Pai fazer". Uma pessoa remodela e modifica as formas existentes pelo trabalho manual. Normalmente ela não dá atenção à questão de saber se poderia produzir coisas a partir da Substância Amorfa, comunicando seus pensamentos a ela. Nossa proposta é provar que ela pode fazer isso; provar que qualquer homem ou mulher pode fazê-lo e mostrar como. Em nossa primeira etapa, vamos estabelecer três proposições fundamentais.

Primeira: existe uma matéria ou Substância Amorfa original, da qual todas as coisas são feitas. Todos os muitos elementos visíveis são apenas representações diferentes de um elemento; todas as muitas formas encontradas na natureza orgânica e inorgânica são apenas formas diferentes, feitas da mesma matéria. Essa matéria é pensante e um pensamento nela produz a forma do pensamento. Pensar na substância pensante produz formas. Uma pessoa é um centro pensante, capaz de produzir pensamento criativo. Se uma pessoa pode comunicar seu pensamento à substância pensante original, ela pode causar a criação ou formação daquilo que pensa.

Resumindo: existe uma matéria pensante da qual todas as coisas são feitas e que, em seu estado original, permeia, penetra e preenche os espaços vazios do universo. Um pensamento nessa matéria produz a coisa imaginada. Uma pessoa pode formar coisas em seu pensamento e, ao imprimir seu pensamento na Substância Amorfa, pode fazer que aquilo que ela pensou seja criado.

Alguém pode perguntar se posso provar essas afirmações. Sem entrar em detalhes, respondo que posso fazê-lo, tanto pela lógica quanto pela experiência.

Raciocinando a partir dos fenômenos da forma e do pensamento, cheguei a uma substância pensante original; e, raciocinando a partir dessa substância pensante, cheguei ao poder que as pessoas têm de criar as coisas que pensam.

E, pela experiência, descobri que o raciocínio é verdadeiro. Esta é a minha prova mais forte.

Se uma pessoa que lê este livro enriquece fazendo o que lhe digo para fazer, esta é uma evidência que sustenta minha afirmação. E se todas as pessoas que fizerem o que o livro indica ficarem ricas, essa é uma prova positiva, ao menos até que alguém passe pelo processo e fracasse. A teoria é verdadeira até que o processo falhe; e esse processo não falhará, pois todas as pessoas que fizerem exatamente o que digo para fazer ficarão ricas.

Eu disse que as pessoas enriquecem fazendo as coisas de maneira assertiva; e, para fazer isso, elas devem se tornar capazes de pensar de maneira assertiva.

O modo como uma pessoa faz as coisas é o resultado direto da maneira como ela pensa sobre as coisas.

Para fazer as coisas da maneira que deseja, você terá de adquirir a capacidade de pensar da maneira que deseja. Esta é a primeira etapa para ficar rico.

Para pensar o que você quer pensar é necessário pensar a VERDADE, independentemente das aparências.

Cada pessoa tem o poder natural de pensar o que quiser, mas isso requer muito mais esforço do que pensar os pensamentos sugeridos pelas aparências. Pensar de acordo com as aparências é fácil; pensar a verdade, independentemente das aparências, é trabalhoso e requer mais poder do que qualquer outro trabalho que fomos chamados a executar.

Não existe trabalho do qual a maioria das pessoas mais fuja do que o de se manter continuamente pensando. É o trabalho mais difícil do mundo. Isso é verdadeiro sempre que a verdade é contrária às aparências. Cada aparência, no mundo visível, tende a produzir uma forma correspondente na mente de quem a observa. E isso só pode ser evitado mantendo o pensamento na VERDADE.

Observar o aparecimento da doença produzirá a forma da doença em sua mente e em seu corpo a menos que você mantenha o pensamento na verdade. E a verdade é que não existe doença, é apenas uma aparência. O que existe é saúde.

Observar as aparências da pobreza produzirá formas correspondentes em sua mente, a menos que você sustente a verdade de que não existe pobreza, mas apenas abundância.

Pensar na saúde quando cercado de aparências de doença, ou pensar em riquezas quando em meio a aparências de pobreza, requer poder. E o indivíduo que adquire esse poder passa a ter uma MENTE MESTRA. Ele pode vencer o destino e ter o que quiser.

Esse poder só pode ser adquirido quando a pessoa se apodera daquilo que está por trás de todas as aparências: que existe uma substância pensante, da qual e pela qual todas as coisas são feitas.

Então, devemos aceitar a verdade de que todo pensamento mantido nessa substância pode tornar-se uma forma, e que uma pessoa pode imprimir seus pensamentos nela a ponto de fazer com que se transforme em coisas visíveis.

> O indivíduo com a Mente Mestra pode vencer o destino, criar e ter o que quiser.

Quando entendermos isso, perdemos todas as dúvidas e medos, pois descobrimos que poderemos criar o que quisermos criar; poderemos ter o que pretendermos e poderemos nos tornar o que queremos ser. Como primeiro passo para ficar rico, você deve acreditar nas três afirmações fundamentais apresentadas anteriormente neste capítulo. E, para enfatizá-los, vou repetir:

> **Existe uma matéria pensante da qual todas as coisas são feitas e que, em seu estado original, permeia, penetra e preenche os interespaços do universo.**
>
> **Um pensamento nessa matéria produz a coisa que é imaginada.**
>
> **Uma pessoa pode dar forma às coisas em seu pensamento e, ao imprimir seu pensamento na Substância Amorfa, fazer que aquilo que ela pensou seja criado.**

Você deve deixar de lado todos os conceitos universais, exceto esse pensamento monista, e deve insistir nele até que esteja fixado em sua mente e se transforme em seu pensamento habitual. Ou seja, crie o hábito de pensar assim. Leia essas declarações repetidamente, fixe cada palavra em sua memória e medite sobre elas até que você acredite firmemente no que dizem. Se você tiver uma dúvida, jogue essa dúvida de lado como se fosse um pecado. Não dê ouvidos a argumentos contra essa ideia. Não vá a igrejas ou palestras onde um conceito contrário seja ensinado ou pregado. Não leia revistas ou livros que ensinam uma ideia diferente. Se você se sentir confuso com relação ao que acredita, todos os seus esforços serão em vão.

Não pergunte por que essas coisas são verdadeiras, nem especule sobre como elas podem ser verdadeiras. Simplesmente aceite-as como verdade que são.

A ciência para ficar rico começa com a aceitação absoluta dessa crença.

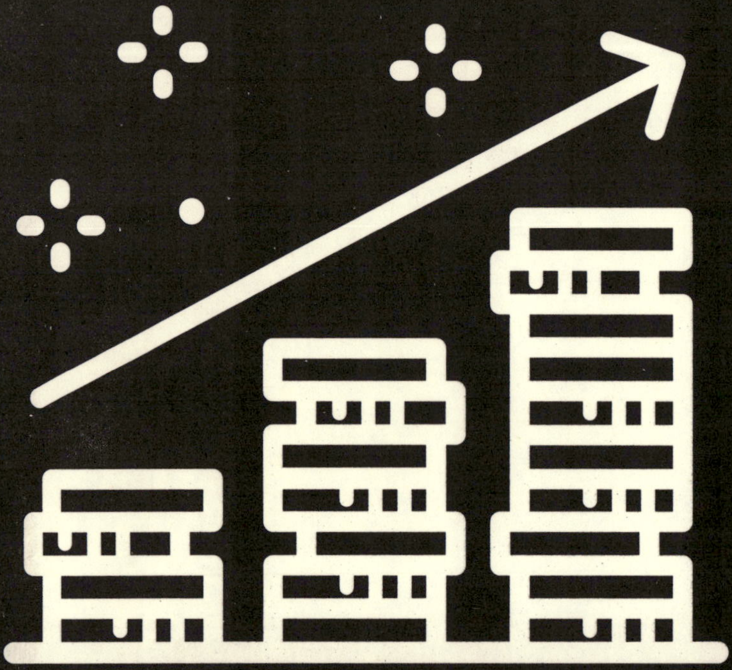

Progredindo Na Vida

Você deve se livrar até o último vestígio da velha ideia de que existe uma divindade cuja vontade é que você seja pobre, ou cujos propósitos devem ser atendidos para mantê-lo na pobreza.

    A substância inteligente, que é tudo e está em tudo, que vive em tudo e vive em você, é uma substância consciente. Sendo uma substância que vive conscientemente, deve ter o desejo natural de progredir na vida. Todo ser vivo deve buscar continuamente a ampliação de sua vida, porque a vida, no mero ato de viver, deve se ampliar e se aperfeiçoar.

Uma semente, lançada ao solo, entra em atividade e, durante sua vida, produz centenas de outras sementes. A vida, pela vida, multiplica-se. Está sempre se multiplicando; precisa fazer isso para continuar a ser vida.

A inteligência tem a mesma necessidade de progresso contínuo. Para cada pensamento que temos, criamos a necessidade de outro; a consciência está se expandindo continuamente. Cada fato que aprendemos nos leva ao aprendizado de outro fato; o conhecimento aumenta continuamente. Cada talento que cultivamos traz à mente o desejo de cultivar outro talento; estamos sujeitos ao impulso da vida, buscando expressão, que sempre nos leva a saber mais, a fazer mais e a ser mais.

> Não cobice o alheio; ninguém tem nada que você não possa ter.

Para saber mais, fazer mais e ser mais, devemos ter mais. Devemos ter coisas para usar, pois aprendemos, fazemos e nos transformamos usando coisas. Precisamos enriquecer para que possamos viver mais.

O desejo de riqueza é simplesmente a capacidade de uma vida mais ampla em busca de realização. Todo desejo é o esforço de uma possibilidade não expressa tornar-se ação. É o poder procurando manifestar-se que causa o desejo. Aquilo que faz você querer mais dinheiro é o mesmo que faz a planta crescer; é a vida buscando uma expressão mais plena.

A substância viva está sujeita a essa lei, que é inerente a toda a vida. Ela é permeada pelo desejo de viver mais e é por isso que tem a necessidade de criar coisas.

A substância deseja viver mais em você, portanto, ela deseja que você tenha todas as coisas que puder usar.

É o desejo de Deus que você fique rico. Ele quer que isso aconteça porque poderá se expressar melhor através de você se você tiver abundância de coisas que possa usar para expressá-lo. Ele pode viver mais em você se você tiver controle ilimitado dos meios de vida.

- *O universo deseja lhe dar tudo o que você quer ter.*
- *A natureza é amigável com seus planos.*
- *Todas as coisas são naturalmente feitas para você.*
- *Coloque em sua mente que isso é verdade.*

Entretanto, é essencial que seu propósito se harmonize com o propósito que está em tudo.

Você deve desejar a vida real, não o mero prazer ou satisfação dos sentidos. A vida é o desempenho de funções, e o indivíduo realmente vive apenas quando executa cada função física, mental e espiritual de que é capaz, sem excesso em nenhuma delas.

Você não quer ficar rico para viver de modo sórdido, para a satisfação dos instintos animais. Isso não é vida. Mas o desempenho de cada função física faz parte da vida, e ninguém vive completamente negando os impulsos normais e saudáveis do corpo.

Você não pode querer ficar rico apenas para desfrutar prazeres intelectuais, obter conhecimento, satisfazer a ambição, ofuscar os outros e tornar-se famoso. Tudo isso é uma parte legítima da vida, mas a pessoa que vive apenas para os prazeres do intelecto terá apenas uma vida parcial e nunca ficará satisfeita com sua sorte.

Você não pode querer ficar rico apenas para o bem dos outros, para experimentar as alegrias da filantropia e do sacrifício. As alegrias da alma são apenas uma parte da vida e não são melhores ou mais nobres do que qualquer outra parte.

Mas você deve querer ficar rico para comer, beber e divertir-se quando chegar a hora de fazer essas coisas; para que possa ficar cercado de coisas bonitas, conhecer terras distantes, alimentar sua mente e desenvolver seu intelecto; para que você possa amar as pessoas e fazer coisas boas, e ser capaz de desempenhar um bom papel em ajudar o mundo a encontrar a verdade.

O altruísmo extremo não é melhor nem mais nobre do que o egoísmo extremo; ambos são erros. Lembre-se disso!

Livre-se da ideia de que Deus deseja que você se sacrifique pelos outros e que vai garantir o favor Dele ao fazer isso. Deus não exige nada desse tipo.

O que Deus deseja é que você tire o máximo proveito de si mesmo, por você mesmo e pelos outros. E você pode ajudar mais os outros aproveitando ao máximo a si mesmo do que de qualquer outra forma.

Você pode tirar o máximo proveito de si mesmo apenas ficando rico; portanto, é certo e louvável que você priorize seu pensamento no trabalho de adquirir riqueza.

Lembre-se, entretanto, que o desejo da substância é para todos, e os movimentos dessa substância devem proporcionar mais vida para todos. Não pode ser para piorar a vida de ninguém, porque está igualmente em todos, buscando riqueza e vida.

A substância inteligente fará coisas por você, mas não vai tirar nada de outra pessoa para dar a você.

Você deve se livrar do pensamento de competição. Você deve criar, não competir pelo que já foi criado.

Você não deve tirar nada de ninguém.

Você não deve fazer negociaçõesde barganha.

Você não deve trapacear ou tirar vantagem. Você não deve deixar ninguém trabalhar para você pagamento menos do que ele já ganha.

Você não deve cobiçar ou desejar as coisas dos outros; ninguém tem nada que você não possa ter, sem tirar o que já é dele.

Você deve tornar-se um criador, não um competidor. Você pode conseguir o que quer, e de uma maneira que, quando conseguir, todas as pessoas terão mais do que já tinham.

Estou ciente de que há pessoas que obtêm uma vasta quantia de dinheiro agindo de forma contrária às declarações do parágrafo acima, e posso dar uma explicação aqui. Indivíduos do tipo plutocrático[3], que se tornam muito ricos, às vezes o fazem puramente por sua extraordinária habilidade de competir; e às vezes eles se relacionam com a substância em seus grandes propósitos e movimentos buscando o desenvolvimento geral da evolução industrial. Rockefeller, Carnegie, Morgan e outros foram os agentes inconscientes do Supremo no trabalho necessário de sistematizar e organizar a indústria produtiva. No fim seu trabalho contribuiu imensamente para melhorar a vida de todos. Eles organizaram a produção e logo foram sucedidos pelos agentes da multidão, que organizaram o maquinário da distribuição.

Os multimilionários foram como os répteis monstruosos nas eras pré-históricas; eles desempenharam um papel ne-

---

3   Indivíduos que fazem parte do sistema econômico que busca a posse e o lucro: capitalismo, mercantilismo, industrialismo, argentarismo. A plutocracia é uma organização sociopolítica que privilegia os nobres (aristocracia, timocracia, oligocracia, optimacia).

cessário no processo evolutivo. Mas o mesmo poder que os produziu também os eliminou. E deve-se ter em mente que eles nunca foram realmente ricos. Um registro da vida privada da maioria dessa classe mostrou que eles foram realmente os mais odiados e miseráveis dos pobres.

As riquezas obtidas no plano da competição nunca são satisfatórias e permanentes. Elas são suas hoje e amanhã serão de outros. Lembre-se de que, se quiser ficar rico de uma maneira científica e certa, você deve deixar inteiramente de lado o pensamento competitivo. Você nunca deve pensar, nem por um momento, que a fonte de suprimento é limitada. Quando você começa a pensar que todo o dinheiro está sendo "monopolizado" e controlado por banqueiros e outras pessoas, e que você precisa se esforçar para criar mecanismos com o objetivo de interromper esse processo, nesse momento, você cai na mente competitiva e seu poder de causar a criação desaparece por um tempo. E o pior, ainda, é que você provavelmente bloqueará as ações criativas que já havia iniciado.

> Se quiser ficar rico de uma maneira científica e certa, deixe inteiramente de lado o pensamento competitivo.

SAIBA que existem incontáveis milhões de dólares em

ouro nas montanhas da terra ainda não trazidos à luz. E saiba que, se não houvesse, mais seria criado a partir da substância pensante para suprir as necessidades da humanidade.

SAIBA que o dinheiro que você precisa virá, mesmo que seja necessário descobrir novas minas de ouro amanhã.

Nunca olhe para a fonte visível; olhe sempre para as riquezas ilimitadas da Substância Amorfa e SAIBA que elas chegarão até você tão rápido quanto você pode recebê-las e usá-las.

Ninguém, ao monopolizar a fonte visível, pode te impedir de ter o que é seu.

Portanto, nunca se permita pensar por um instante que todos os melhores locais para construção serão ocupados antes de você se preparar para construir sua casa, a menos que você esteja com pressa. Nunca se preocupe com trustes e associações, nem fique ansioso com medo de que eles logo vão ser donos da terra inteira. Nunca tenha medo de perder o que deseja porque alguma outra pessoa "venceu você". Isso, possivelmente, não acontecerá; você não está procurando algo que pertence a outra pessoa; você está criando o que deseja a partir da Substância Amorfa, e a fonte é ilimitada. Concentre-se na afirmação formulada:

Existe uma matéria pensante da qual todas as coisas são feitas e que, em seu estado original, permeia, penetra e preenche os espaços vazios do universo.

Um pensamento nessa matéria, produz a coisa que é imaginada.

Uma pessoa pode formar coisas em seu pensamento e, ao imprimir seu pensamento na Substância Amorfa, pode fazer com que aquilo que ela pensou seja criado.

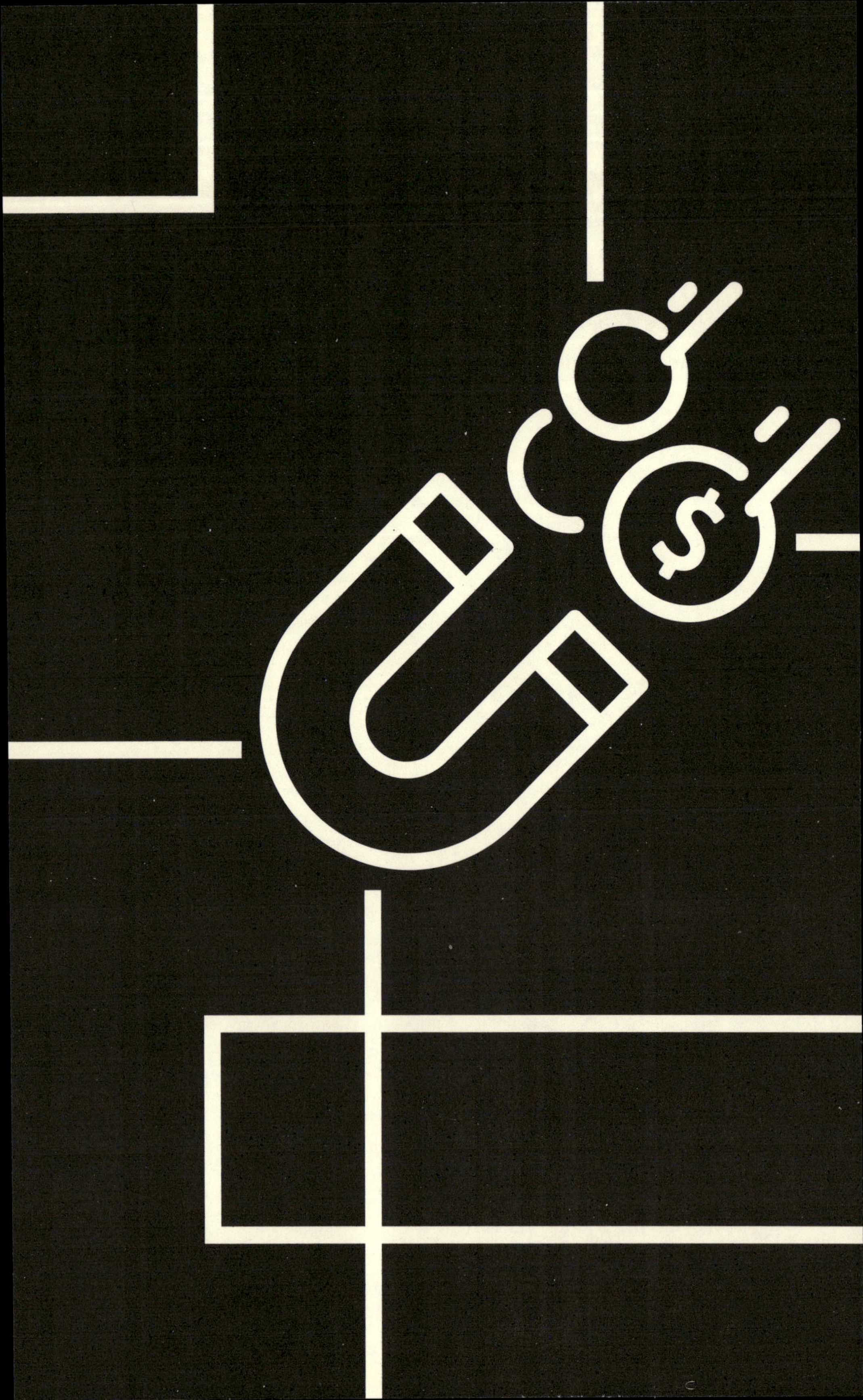

Como a riqueza vem até você

Quando digo que você não precisa fazer barganhas rigorosas não quero dizer que você não pode nenhuma barganha ou que você está acima da necessidade de realizar qualquer negociação com seus companheiros. Quero dizer que você não deve lidar com eles de maneira injusta; não precisa obter algo em troca. *Mas você pode dar para as pessoas mais do que recebe delas.*

Se não der às pessoas mais do que ganhou delas em dinheiro, você pode dar a elas mais em valor utilitário. O papel, a tinta e outros materiais deste livro podem não valer o dinheiro que você pagou por ele; mas se as ideias sugeridas por este livro lhe renderem milhares de dólares, você não foi prejudicado por quem te vendeu. Você ganhou um grande valor utilitário em troca de um pequeno valor monetário.

Vamos supor que tenho um quadro de um grande artista que em qualquer comunidade civilizada vale milhares de dólares. Eu o levo até o Canadá e, com minha "habilidade de vendedor", induzo um esquimó a dar um pacote de peles no valor de 500 dólares pelo quadro. Eu realmente o enganei, pois o quadro não será de nenhuma utilidade para ele, não tem nenhum valor utilitário e não acrescentará nada à sua vida.

> Dê às pessoas mais do que recebe delas, em dinheiro ou em valor utilitário.

Mas suponha que eu dê a ele uma arma no valor de 50 dólares por suas peles. Nesse caso, ele fez um bom negócio. A arma é útil para ele e lhe dará mais peles e muito alimento. Isso irá melhorar sua vida em todos os sentidos e o tornará rico.

Quando você passa do plano competitivo para o plano criativo, pode examinar suas transações de negócios com muito rigor, e se estiver vendendo a qualquer pessoa algo que não acrescente nada mais à sua vida do que aquilo que a pessoa lhe dá em troca, você terá recursos para parar. Você não tem que enganar ninguém ao fazer um negócio.

E se você está em um negócio que engana as pessoas, saia dele imediatamente.

Dê a todos mais em valor utilitário do que você recebeu deles em valor monetário. Assim você estará adicionando algo à vida do mundo em cada transação comercial.

Se você tem pessoas trabalhando para você, deve obter delas mais valor monetário do que você paga para elas nos salários. *Você deve organizar seu negócio com base no princípio da prosperidade*, para que cada funcionário que deseje fazer o mesmo possa avançar um pouco a cada dia.

Você pode fazer por seus funcionários o que este livro está fazendo por você. Você pode conduzir seu negócio como se fosse uma escada, pela qual todo funcionário que se dê ao trabalho possa subir até a riqueza. Você dará a oportunidade, cabe a ele aproveitá-la.

O fato de você criar sua riqueza a partir da Substância Amorfa que permeia todo o seu ambiente, não quer dizer que ela tomará forma no ar e aparecerá diante de seus olhos.

Por exemplo, se você quer uma máquina de costura, não quero dizer que você deve imprimir o pensamento de uma máquina de costura na substância pensante até que a máquina seja formada sem as mãos, na sala onde você está sentado ou em outro lugar. Mas se você quer uma máquina de costura, mantenha a imagem mental dela com a certeza de que ela está sendo feita ou está a caminho para chegar até você. Depois de formar o pensamento, tenha a mais absoluta e inquestionável certeza de que a máquina de costura está chegando; nunca pense ou fale sobre isso de qualquer outra forma que não seja a certeza de que ela irá chegar. Reivindique-a e pense nela como sua.

Ela será trazida a você pelo poder da Inteligência Suprema, agindo sobre a tua mente e sobre as mentes das pessoas. Independente de onde você mora, pode ser que uma pessoa de outro estado ou de outro país entre em alguma negociação que resultará no que você deseja.

Nesse caso, a questão toda será vantajosa para aquela pessoa e também para você.

Não se esqueça, nem por um momento, que a substância pensante está em tudo, dentro de tudo, comunicando-se com tudo e pode influenciar tudo. O desejo da substância pensante por uma vida mais plena e melhor resultou na criação de todas as máquinas de costura que já foram feitas; e pode causar a criação de milhões de outras coisas mais, e assim o fará, sempre que as pessoas a coloquem em movimento por desejo e pela convicção, e agindo de maneira assertiva.

Você não precisa hesitar em pedir mais. "O prazer do Pai é dar-lhes o reino", disse Jesus.

A substância original deseja viver tudo o que é possível em você e deseja que você tenha tudo o que pode ou usará para ter uma vida mais próspera e abundante.

Se você fixar em sua mente o fato de que o seu desejo de enriquecer é o mesmo desejo da onipotência por uma expressão mais completa, sua fé será invencível.

Certa vez, vi um garotinho sentado ao piano, tentando em vão trazer harmonia às teclas. Percebi que ele estava aborrecido e aflito por sua incapacidade de tocar o piano. Perguntei a ele a causa de sua aflição e ele respondeu: "Posso sentir a música em mim, mas não consigo fazer minhas mãos tocarem certo". A música nele era o IMPULSO da substância original, contendo todas as possibilidades de uma vida plena. Tudo o que existe na música buscava expressão através da criança.

Deus, a substância única, está tentando viver, fazer e desfrutar as coisas por meio da humanidade. Ele está dizendo: "Quero mãos para construir estruturas maravilhosas, para tocar harmonias divinas, para pintar quadros gloriosos; quero pés para fazer minhas tarefas, olhos para ver minhas belezas, línguas para contar verdades poderosas e cantar canções maravilhosas..." E assim por diante.

Tudo o que é possível está buscando expressão por meio das pessoas. Deus quer que aqueles que sabem tocar músicas tenham pianos e todos os outros instrumentos, e tenham os meios para desenvolver seus talentos ao máximo. Ele deseja que aqueles que gostam de apreciar a beleza sejam cercados de coisas belas. Quer que aqueles que conseguem discernir a verdade tenham todas as oportunidades de viajar e observar. Quer que aqueles que apreciam boas roupas estejam bem vestidos e que aqueles que apreciam boa comida sejam alimentados com luxo.

Ele deseja todas essas coisas porque é Ele mesmo quem as desfruta e aprecia. É Deus quem quer se divertir, cantar, desfrutar da beleza, proclamar a verdade, vestir roupas belas e comer boas comidas.

"É Deus que opera em você o querer e o fazer", disse o Apóstolo Paulo.

O desejo que você sente de enriquecer é o Infinito procurando se expressar Ele mesmo em você, como no caso do garotinho ao piano.

Portanto, você não precisa hesitar em pedir mais.

Sua parte é concentrar-se e expressar os desejos de Deus.

Existe é uma questão difícil para a maioria das pessoas. Elas mantêm uma parte da velha ideia de que pobreza e sacrifício são agradáveis a Deus. Consideram a pobreza uma parte do plano, uma necessidade da natureza.

Elas têm a ideia de que Deus terminou Sua obra e fez tudo o que Ele podia fazer, e que a maioria das pessoas deve continuar pobre porque não há o suficiente para todos. Elas apegam-se tanto a esse pensamento errado que se sentem envergonhadas de pedir para enriquecer. Tentam não querer mais do que algo modesto, apenas o suficiente para sobreviver.

Lembro-me agora do caso de um homem a quem foi dito que deveria ter em mente uma imagem clara das coisas que desejava, para que o pensamento criativo nessas coisas pudesse ser impresso na Substância Amorfa. Ele era muito pobre, sua família morava em uma casa alugada e tinha apenas o que ganhava no dia a dia; e não conseguia entender o fato de que toda riqueza era sua. Então, depois de refletir sobre o assunto, decidiu que poderia razoavelmente pedir um tapete novo para o chão de seu melhor quarto e um fogão a carvão para aquecer a casa durante o inverno. Seguindo as instruções dadas neste livro, ele conseguiu essas coisas em poucos meses. Depois do acontecido, se deu conta de que não havia pedido o suficiente. Então ele examinou a casa em que morava e planejou todas as melhorias que gostaria de fazer nela. Mentalmente adicionou uma sacada aqui e um quarto ali, até que a casa ideal estivesse completa em sua mente. Em seguida, planejou seus móveis.

> As pessoas mantêm parte da velha ideia de que pobreza e sacrifício são agradáveis a Deus.

Mantendo toda a imagem em sua mente, começou a viver de maneira assertiva e a mover-se em direção ao que desejava. Ele é o dono da casa agora, e está reconstruindo-a de acordo com a forma de sua imagem mental. Certamente, com uma fé ainda maior, irá conseguir coisas ainda maiores. Tudo dependia da fé dele, e é assim com você, e será com todos nós.

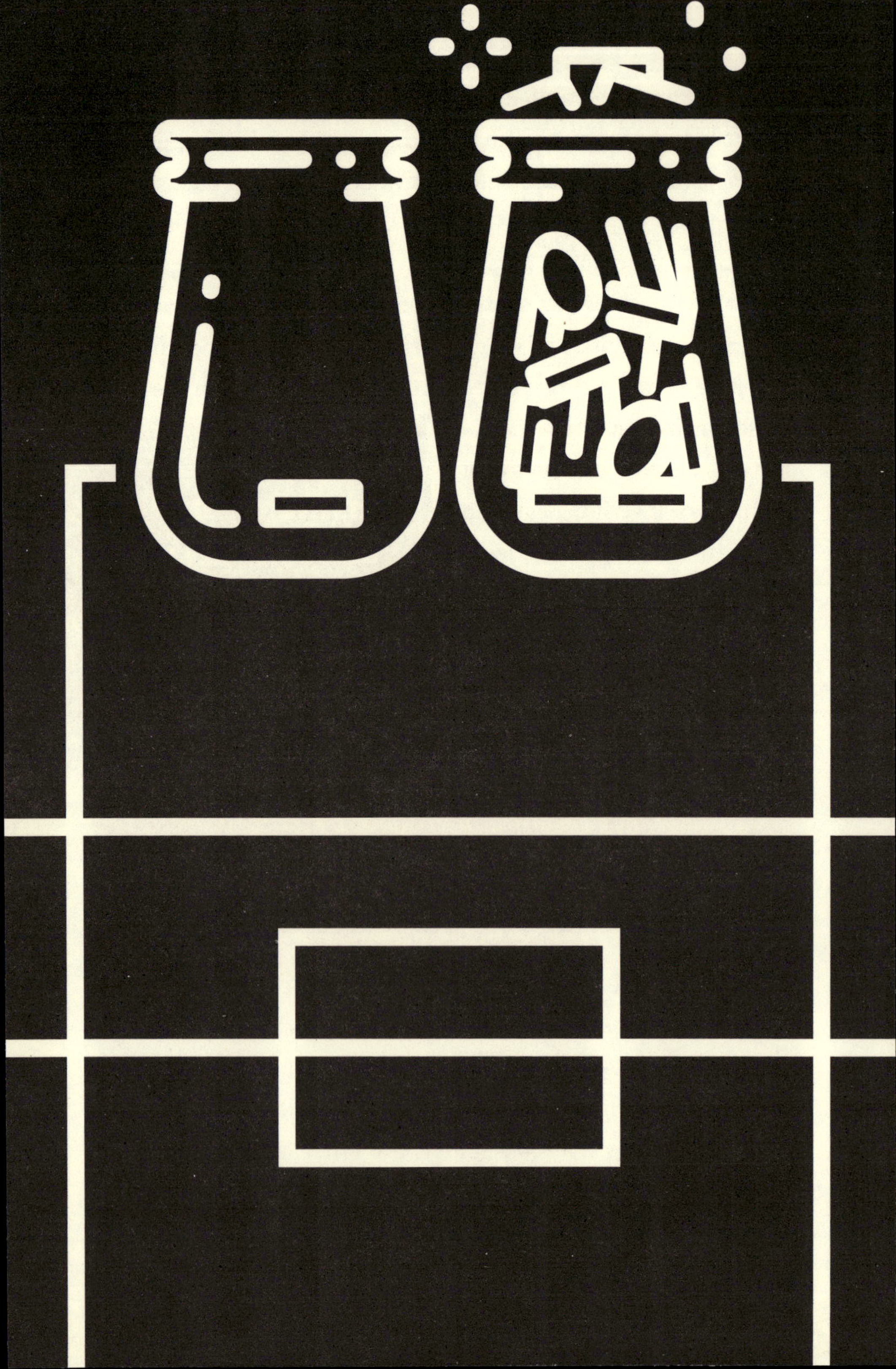

Gratidão

Os EXEMPLOS FORNECIDOS NO ÚLTIMO CAPÍTULO DEVEM TER TRANSMITIDO a você, leitor, o fato de que a primeira etapa para enriquecer é transmitir a ideia de seus desejos à Substância Amorfa.

Isso é verdade, e você verá que para fazer isso é necessário se relacionar com a inteligência amorfa de uma maneira harmoniosa.

Assegurar essa relação harmoniosa é uma questão de importância tão primordial e vital que darei algum espaço aqui para discuti-la, e lhe darei instruções as quais, caso você as siga, certamente o conduzirão a uma perfeita unidade de mente com Deus.

Todo o processo de ajuste e remissão mentais pode ser resumido em uma palavra: *gratidão*.

Primeiro, você acredita que existe uma substância inteligente, da qual todas as coisas procedem; segundo, você acredita que essa substância lhe dá tudo o que você deseja; e terceiro, você se relaciona com ela por um sentimento de profunda e intensa gratidão.

> **A mente grata está constantemente fixada no melhor e tende a se transformar no melhor.**

Muitas pessoas que organizam suas vidas de outras maneiras permanecem na pobreza por falta de gratidão. Tendo recebido um presente de Deus, elas cortam os fios que as conectam a Ele e deixam de reconhecer e ser gratas.

É fácil entender que quanto mais perto estivermos da fonte de riquezas, mais riqueza receberemos. E é fácil compreender também que a alma que é sempre grata vive em contato mais íntimo com Deus do que aquela que nunca tem reconhecimento e gratidão a Ele.

Quanto mais gratidão ao Supremo tivermos em nossas mentes quando coisas boas chegam até nós, mais coisas boas receberemos e mais rapidamente elas virão. A razão é simplesmente porque a atitude mental de gratidão leva a mente a um contato mais íntimo com a fonte de onde vêm as bênçãos.

Se, para você, é nova a ideia de que a gratidão traz para sua mente uma harmonia maior com as energias criativas do universo, pense bem sobre isso e você verá que é verdade. As coisas boas que você já possui vieram até você ao longo da linha de obediência a certas leis. A gratidão guiará sua mente por caminhos onde as coisas acontecem. E isso o manterá em estreita harmonia com o pensamento criativo e o impedirá de cair no pensamento competitivo.

A gratidão por si só pode mantê-lo olhando para o todo e impedi-lo de cair no erro de pensar que a fonte é limitada. Pensar assim seria fatal para suas esperanças.

Existe a Lei da Gratidão e é absolutamente necessário que você observe essa lei, se quiser obter os resultados que procura.

A Lei da Gratidão é o princípio natural de que ação e reação são sempre iguais e em direções opostas.

A extensão da gratidão de sua mente em agradecimento ao Supremo é uma liberação ou lançamento de energia. Essa energia não deixa de alcançar aquele a quem se destina, e o resultado é um movimento instantâneo de volta para você.

"Aproxime-se de Deus e Ele se aproximará de você." Essa é uma declaração de verdade.

E se a sua gratidão for forte e constante, a reação na Substância Amorfa será forte e contínua. O movimento das coisas que você deseja estará sempre em sua direção. Observe a atitude de gratidão que Jesus tinha. Ele sempre dizia: "Agradeço-te, Pai, pois me ouviste". Você não pode exercer plenamente nenhum poder sem gratidão; pois é a gratidão, que o mantém conectado ao poder.

Mas o valor da gratidão não consiste apenas em obter mais benefícios no futuro. Sem gratidão, você não consegue evitar pensamentos de insatisfação em relação às coisas como elas são.

No momento em que você permite que sua mente se mantenha na insatisfação sobre as coisas como elas são, você começa a perder terreno. Você fixa a atenção no comum, no ordinário, no pobre, no esquálido e no mesquinho. E sua mente assume a forma dessas coisas. Então, você vai transmitir essas formas ou imagens mentais à Substância Amorfa. E o comum, o pobre, o esquálido e o mesquinho virão até você.

Permitir que sua mente se concentre no inferior é tornar-se inferior e cercar-se de coisas inferiores.

Por outro lado, fixar sua atenção no melhor é cercar-se do melhor e tornar-se melhor.

O poder criativo dentro de nós nos torna a imagem daquilo a que damos nossa atenção.

Somos uma substância pensante. E a substância pensante sempre assume a forma daquilo que pensa.

A mente grata está constantemente fixada no melhor e tende a se transformar no melhor. Ela assume a forma ou a característica do melhor e receberá o melhor.

Além disso, a fé nasce da gratidão. A mente grata espera continuamente coisas boas, e a expectativa se transforma em fé. A reação de gratidão sobre a própria mente produz fé. E cada onda de ação de graças e gratidão aumenta a fé. Aquele que não tem sentimento de gratidão não pode reter por muito tempo uma fé viva. E sem uma fé viva você não pode enriquecer pelo método criativo, como veremos nos próximos capítulos.

É necessário, então, cultivar o hábito de ser grato por tudo de bom que você conquista. E agradecer continuamente.

E porque todas as coisas contribuíram para o seu progresso, você deve incluir todas as coisas em sua gratidão.

Não perca tempo pensando ou falando sobre as deficiências ou ações erradas os plutocratas ou magnatas que detêm o poder. A organização do mundo feita por eles se transformou em oportunidade para você. Tudo o que você tem realmente existe por causa deles.

Não se aborreça com políticos corruptos. Se não fossem os políticos, cairíamos na anarquia, e suas oportunidades seriam muito reduzidas.

Deus tem trabalhado há muito tempo e com muita paciência para nos levar até onde estamos na indústria e no governo, e Ele está dando continuidade ao Seu trabalho. Não há a menor dúvida de que Ele eliminará os plutocratas, grandes magnatas, chefes da indústria e políticos assim que eles puderem ser dispensados. Mas nesse meio-tempo, eles são todos muito necessários. Lembre-se de que todos eles estão ajudando a organizar as linhas de transmissão, ao longo das quais suas riquezas chegarão a você. E seja grato a todos eles. Isso o levará a relações harmoniosas com o que há de bom em tudo. E o que há de bom em tudo virá em sua direção.

Pensando de maneira assertiva

Volte ao capítulo VI e leia novamente a história do homem que formou uma imagem mental de sua casa, e você terá uma boa ideia da etapa inicial para enriquecer. Você deve formar uma imagem mental clara e definitiva do que deseja. Você não consegue transmitir uma ideia a menos que você mesmo a tenha.

Você deve ter antes de que possa dar, e muitas pessoas não imprimem o pensamento na substância pensante porque têm apenas um conceito vago e confuso daquilo que desejam fazer, ter ou se tornar.

Não é o suficiente que você tenha um desejo geral de riqueza e que fique bem com isso. Todo mundo tem esse desejo.

Não basta você ter um desejo de viajar, ver coisas, viver mais etc. Todos têm esses desejos também. Se você fosse enviar uma mensagem a um amigo, não mandaria as letras do alfabeto em sua ordem, deixando que ele mesmo construísse a mensagem. E nem pegaria palavras aleatoriamente do dicionário. Você enviaria uma frase coerente, que significasse algo. Ao tentar imprimir seus desejos na substância pensante, lembre-se de que isso deve ser feito por meio de uma declaração coerente. Você deve saber o que quer e ser assertivo.

Emitindo pensamentos sem forma e desejos vagos, você pode nunca enriquecer ou colocar o poder criativo em ação.

Analise seus desejos assim como o homem que descrevi imaginou a casa dele. Visualize claramente o que você quer e crie uma imagem mental de como você quer tal coisa.

Você sempre deve manter essa imagem em sua mente. Como o marinheiro tem em mente o porto para o qual está navegando, você deve manter-se voltado para seu objetivo o tempo todo. Não deve perdê-lo de vista assim como o timoneiro que não deixa de observar a bússola.

Não é necessário fazer exercícios de concentração, nem separar momentos especiais para oração e afirmação, nem "entrar em silêncio", nem fazer manobras ocultas de qualquer tipo. Essas coisas podem funcionar também, mas tudo de que você precisa é saber o que quer e querer tanto a ponto de manter a imagem em seus pensamentos.

Passe o máximo possível do seu tempo contemplando a imagem que você criou. Ninguém precisa fazer exercícios de concentração para manter em mente algo que realmente deseja. São coisas que não requerem muito do seu esforço para manter a atenção nelas.

E se você realmente quer ficar rico, seu desejo deve ser forte o suficiente para manter seus pensamentos direcionados a esse propósito, como o polo magnético prende a agulha da bússola. Se não for assim, será de pouco valor tentar seguir as instruções fornecidas neste livro.

Os métodos aqui apresentados são para pessoas cujo desejo por riquezas é forte o suficiente para superar a preguiça mental e o amor ao conformismo.

> Como o marinheiro que tem o porto sempre em mente, visualize seu objetivo todo o tempo.

Quanto mais clara e definida for sua imagem e quanto mais você se dedicar a ela, revelando todos os seus detalhes deliciosos, mais forte será o seu desejo. E, quanto mais forte for o seu desejo, mais fácil será manter a mente fixa na imagem do que você deseja conseguir.

No entanto, algo mais é necessário do que apenas visualizar a imagem com clareza. Se isso for tudo o que você tem a fazer, você será apenas um sonhador e terá pouco ou nenhum poder de realização.

Por trás de sua visão clara deve estar o propósito de realizá-la, a fim de trazê-la à tona em uma expressão tangível.

E por trás desse propósito deve haver uma convicção invencível e inabalável de que a coisa já é sua; que está "na sua mão" e que você só tem que tomar posse dela.

Viva na nova casa, mentalmente, até que ela tome forma física ao seu redor. No reino mental, desfrute imediatamente das coisas que deseja.

"Tudo o que pedirdes em oração, crendo, o recebereis", assim disse Jesus.

Visualize as coisas que você deseja como se elas estivessem ao seu redor o tempo todo. Veja a si mesmo como possuindo-as e usando-as. Use-as na imaginação da mesma forma que as usará quando forem seus bens tangíveis. Concentre-se em sua imagem mental até que esteja clara e distinta e, em seguida, tome a atitude mental de posse de tudo. Tome posse mentalmente, com plena convicção de que é realmente sua. Prenda-se a essa posse mental. Não vacile por um instante na convicção de que é real.

E lembre-se do que foi dito no capítulo anterior sobre a gratidão. Seja tão grato por algo que você deseja quanto o será quando isso tomar forma. A pessoa que pode sinceramente agradecer a Deus pelas coisas que ainda tem apenas na imaginação, tem verdadeira fé. Ela o fará enriquecer e conseguir tudo o que deseja.

Você não precisa orar repetidamente pelas coisas que deseja, nem repetir as mesmas coisas a Deus todos os dias.

"Não usem de vãs repetições como fazem os pagãos", disse Jesus a seus discípulos, "porque vosso Pai sabe que necessitais destas coisas antes de Lhe pedirem."

Sua parte é formular de maneira inteligente seu desejo pelas coisas que contribuem para uma vida melhor, e organizar esses desejos em totalidade coerente. E, em seguida, imprimir esse desejo inteiro na Substância Amorfa, que tem o poder e a vontade para trazer a você o que deseja.

Você não faz essa impressão repetindo sequências de palavras. Você a faz mantendo a visão com um PROPÓSITO inabalável de alcançá-la, e com a convicção inabalável de que você a obterá.

A resposta à oração não vem de acordo com sua fé enquanto você está falando, mas de acordo com sua fé enquanto você está trabalhando.

Você não pode impressionar a mente de Deus separando um dia especial para dizer a Ele o que você quer, e depois esquecê-Lo durante o resto da semana. Você não pode impressioná-Lo tendo horas especiais para entrar em seu quarto e orar, se tirar o assunto de sua mente até que a hora de oração chegue novamente.

A oração falada é excelente e tem seu efeito, especialmente sobre você, esclarecendo sua visão e fortalecendo sua fé. Mas não são os seus pedidos orais que lhe darão o que você quer. Para enriquecer, você não precisa de uma "doce hora de oração"; você precisa "orar sem cessar". E por oração quero dizer manter firmemente a imagem do que deseja, com o propósito de transformar sua criação em uma forma sólida, e a convicção de que você está fazendo isso.

> A resposta à oração não vem de acordo com sua fé enquanto você está falando, mas à medida que você está agindo.

"Acredite e receberá."

Assim que a imagem do que você deseja estiver claramente formada, toda a matéria, todo o assunto passa a ser recebido. Quando você tiver formado sua imagem, é bom fazer uma declaração oral, dirigindo-se ao Supremo em oração reverente. E a partir desse momento você deve, mentalmente, receber o que você pede. Viva na nova casa, use roupas elegantes, dirija o automóvel, faça sua viagem e planeje viagens maiores com segurança. Pense e fale sobre todas as coisas que você pediu em termos de posse atual e real. Imagine um ambiente e uma condição financeira exatamente como você deseja e viva o tempo todo nesse ambiente e condição financeira imaginários. Lembre-se, entretanto, de que você não faz isso como um mero sonhador e construtor de castelos. Apegue-se à FÉ de que o imaginário está sendo realizado e ao PROPÓSITO de realizá-lo. Lembre-se de que é a convicção e o propósito no uso da imaginação que fazem a diferença entre o cientista e o sonhador. E, tendo aprendido esse fato, é hora de aprender o uso adequado da força de vontade.

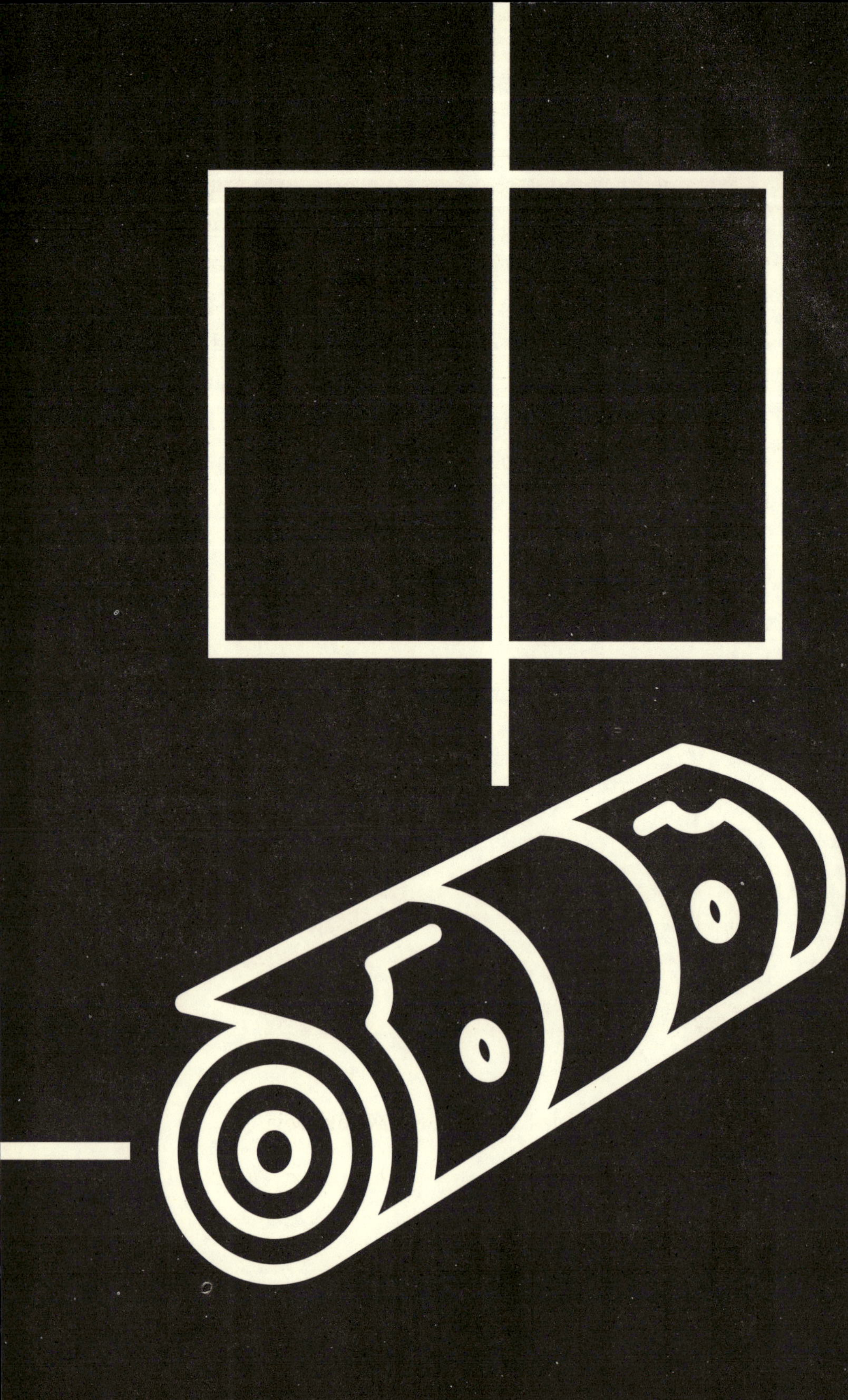

Como usar a força de vontade

Para começar a enriquecer de uma forma científica você não deve tentar a aplicar sua força de vontade em nada que esteja fora de você mesmo.

Você não tem o direito de fazer isso.

É errado tentar influenciar outros homens e mulheres, com intuito de levá-los a fazer o que você deseja.

É totalmente errado coagir pessoas pelo poder mental como o é coagi-las pelo poder físico. Se você obrigar as pessoas pela força física a fazer coisas para você, elas serão reduzidas a escravas. Obrigá-las por meios mentais é a mesma coisa. A única diferença está nos métodos. Se tirar coisas das pessoas pela força física é roubo, então tirar coisas pela força mental também é roubo. Não há diferença alguma de princípios.

Você não tem o direito de usar sua força de vontade sobre outra pessoa, mesmo que for "para o bem dela", pois você não sabe o que é bom para ela.

A ciência de enriquecer não permite, de forma alguma, que você aplique poder ou força a qualquer outra pessoa. Não há a menor necessidade de fazer isso. Na verdade, qualquer tentativa de impor sua vontade sobre os outros apenas levará a que seu propósito seja frustrado.

Você não precisa aplicar sua vontade às coisas, a fim de fazê-las a vir até você.

Isso seria tentar coagir a Deus e seria tolo e inútil.

Você não precisa querer obrigar Deus a lhe dar coisas boas, assim como é inútil usar sua força de vontade para fazer o sol nascer.

Você não deve usar sua força de vontade para conquistar uma divindade hostil ou para fazer com que forças inflexíveis e rebeldes sigam suas ordens.

A substância é amigável e está ansiosa para dar a você o que deseja.

Para enriquecer, você só precisa usar sua força de vontade em você mesmo.

Quando você sabe o que pensar e fazer, deve usar sua vontade para obrigar-se a pensar e fazer as coisas certas. Esse é o uso legítimo da força de vontade para conseguir o que você quer – usá-la para manter-se no curso certo. Use sua vontade para manter-se pensando e agindo de maneira assertiva.

Não tente projetar sua vontade, seus pensamentos ou sua mente no espaço externo para "agir" sobre coisas ou em pessoas.

Mantenha sua mente "em casa" e você poderá realizar mais lá do que em qualquer outro lugar.

Use sua mente para formar uma imagem mental do que você deseja e mantenha essa visão com fé e propósito. Use sua vontade para que sua mente trabalhe da maneira assertiva.

> **Querer impor sua vontade sobre os outros é tão inútil quanto usar sua força de vontade para fazer o sol nascer.**

Quanto mais firmes e contínuos forem sua fé e propósito, mais rapidamente você ficará rico, porque vai produzir apenas impressões POSITIVAS na substância e não neutralizá-las nem deslocá-las com impressões negativas.

A imagem de seus desejos, sustentada com convicção e propósito, é assumida pela Substância Amorfa e se espalha por a grandes distâncias, por todo o universo.

À medida que essa impressão se espalha, todas as coisas se movem em direção à sua realização. Cada coisa viva, cada coisa inanimada e as coisas ainda não criadas, são movidas para tornar real o que você deseja. Toda a força e todas as coisas começam a se mover em sua direção. As mentes das pessoas, em todos os lugares, são influenciadas no sentido de fazer as coisas necessárias para a realização de seus desejos e trabalham para você, mesmo sem perceber.

Mas você pode interromper tudo isso colocando uma impressão negativa na Substância Amorfa. A dúvida e a descrença certamente causarão um movimento contrário a você, assim como a fé e o propósito iniciarão um movimento em sua direção. É por não entender essa dinâmica que a maioria das pessoas fracassa quando tenta fazer uso da "ciência mental" para enriquecer. Cada hora e momento que você perde dando atenção às dúvidas e medos, cada hora que você gasta em preocupação, cada hora em que sua alma fica tomada pela descrença, forma-se uma corrente contrária a você em todo o domínio da substância inteligente. Todas as promessas são para os que acreditam, e somente para eles. Observe o quão insistente Jesus foi nesse ponto de fé. Agora você sabe o motivo.

Visto que a fé é muito importante, cabe a você vigiar seus pensamentos. E como suas crenças são moldadas em grande medida pelas coisas que você observa e pensa, é importante que você controle sua atenção.

E aqui a vontade entra em ação, porque é pela vontade que você determina em que coisas sua atenção será fixada.

Se você quer ficar rico, não deve fazer um estudo sobre a pobreza.

As coisas não surgem pensando em seus opostos. Não se pode alcançar saúde estudando ou pensando na doença. A justiça não pode ser promovida estudando e pensando sobre o pecado. E ninguém nunca enriqueceu estudando e pensando na pobreza.

A medicina como ciência das doenças aumentou as doenças. A religião como ciência do pecado promoveu o pecado. E a economia como estudo da pobreza encherá o mundo de miséria e necessidade.

Não fale sobre pobreza, não investigue nem se preocupe com ela. Não importa quais são suas causas, você não tem nada a ver com elas.

O que deve preocupar você é a cura.

Não perca seu tempo em trabalhos ou movimentos de caridade. Toda caridade tende apenas a perpetuar a miséria que visa erradicar.

Não estou dizendo que você deve ter o coração duro ou cruel e recusar-se a ouvir o clamor da necessidade. Mas que você não deve tentar erradicar a pobreza de nenhuma das formas convencionais. Deixe a pobreza para trás e tudo o que diz respeito a ela longe de você e "faça o bem".

Fique rico. Esta é a melhor maneira de ajudar os pobres.

Você não pode manter a imagem mental que vai torná-lo rico se você preencher sua mente com imagens de pobreza. Não leia livros ou jornais que forneçam relatos circunstanciais da miséria de moradores de favelas, dos horrores do trabalho infantil e assim por diante. Não leia nada que encha sua mente com imagens sombrias de necessidade e sofrimento.

> Deixe a pobreza para trás. Fique rico. Esta é a melhor maneira de ajudar os pobres.

Você não pode ajudar os pobres, absolutamente em nada, se envolvendo ns problemas da pobreza. O conhecimento amplamente difundido da pobreza não acaba com ela.

O que pode acabar com a pobreza não é manter imagens de pobreza em sua mente, mas imagens de riqueza na mente dos pobres.

Você não está abandonando os pobres em sua miséria quando se recusa a permitir que sua mente seja preenchida com imagens dessa miséria.

A pobreza pode ser eliminada, não aumentando o número de pessoas bem-intencionadas que pensam na pobreza, mas aumentando o número de pessoas pobres que se propõem com convicção a enriquecer.

Os pobres não precisam de caridade, eles precisam de inspiração. A caridade apenas oferece o pão para mantê-los vivos em sua miséria, ou proporciona um entretenimento para fazê-los esquecer da situação por uma ou duas horas. Por outro lado, a inspiração fará com que eles saiam de sua miséria. Se você quer ajudar os pobres, mostre-lhes que podem se tornar ricos. E prove isso ficando rico você mesmo.

A única maneira pela qual a pobreza será banida deste mundo é fazendo com que um grande e crescente número de pessoas pratique os ensinamentos contidos neste livro.

As pessoas devem ser ensinadas a se tornarem ricas pela criação, não pela competição.

Toda pessoa que fica rica pela competição derruba atrás dela a escada pela qual subiu e deixa os outros no chão. E toda pessoa que fica rica pela criação abre um caminho para que milhares a sigam e as inspire a fazer isso.

Você não está mostrando dureza de coração ou insensibilidade quando se recusa a ter pena da pobreza, ver a pobreza, ler sobre a pobreza, pensar ou falar sobre ela, ou ainda ouvir aqueles que falam sobre ela. Use sua força de vontade para manter sua mente FORA do assunto da pobreza, e para mantê-la fixada, com fé e propósito, NA imagem do que você deseja.

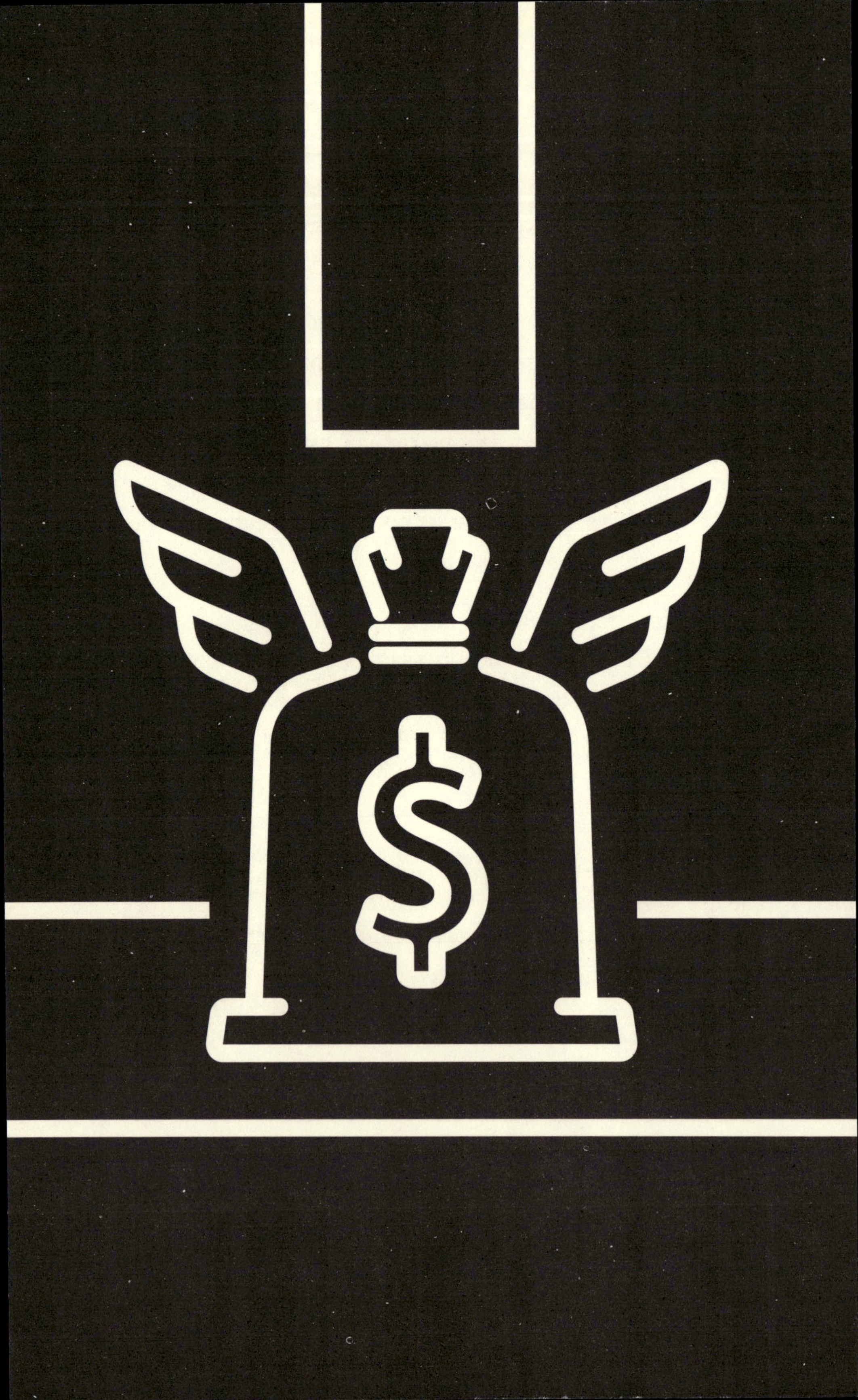

Outros usos da força de vontade

Você não pode reter uma imagem verdadeira e clara da riqueza se estiver constantemente voltando sua atenção para imagens opostas, sejam elas externas ou imaginárias.

Não fale de seus problemas anteriores de natureza financeira, se você os teve. Não pense neles de forma alguma. Não fale sobre a pobreza de seus pais ou as dificuldades de sua infância. Fazer qualquer uma dessas coisas é classificar-se mentalmente como pobre nesse momento, e isso certamente irá impedir o movimento das coisas em sua direção.

"Que os mortos enterrem seus mortos", disse Jesus.

Deixe a pobreza e todas as coisas que dizem respeito à pobreza completamente para trás.

Você aceitou uma determinada teoria do universo como sendo correta e está depositando todas as suas esperanças de felicidade nela. O que você ganha dando atenção a teorias contrárias?

Não leia livros religiosos que dizem que o mundo está chegando ao fim, e não leia os escritos de sensacionalistas e filósofos pessimistas que dizem que o mundo está caminhando para o caos.

O mundo não está caminhando para o diabo; está caminhando para Deus.

Está se tornando maravilhoso.

É verdade que pode haver muitas coisas desagradáveis nas condições existentes, mas de que adianta estudá-las quando certamente estão passando, e quando o estudo delas apenas tende a impedir sua passagem e mantê-las conosco? Por que dar tempo e atenção a coisas que estão sendo removidas pelo crescimento evolutivo, quando você pode apressar sua remoção apenas promovendo o crescimento evolutivo?

Não importa quão horríveis possam ser as condições em certos países, seções ou lugares, você perde seu tempo e destrói as próprias possibilidades ao dar atenção a elas.

Você deve se interessar pelo enriquecimento do mundo.

Pense nas riquezas que o mundo está alcançando, em vez da pobreza que está crescendo, e tenha em mente que a única maneira pela qual você pode ajudar o mundo a enriquecer é enriquecendo você mesmo, por meio da criatividade e não da competição.

Dê sua atenção total à riqueza. Ignore a pobreza.

Sempre que você pensar ou falar sobre os que são pobres, pense e fale deles como se fossem aqueles que estão enriquecendo; como aqueles que devem ser parabenizados em vez de comiserados. Então, eles e outros irão buscar a inspiração e começar a procurar pelo caminho da saída.

> A grandeza moral e espiritual só é possível para aqueles que estão acima da batalha competitiva pela existência.

Quando eu digo que você deve dedicar todo o seu tempo, mente e pensamento à riqueza, não quer dizer que você deva ser sórdido ou mesquinho.

Tornar-se realmente rico é o objetivo mais nobre que você pode ter na vida, porque isso inclui todo o resto.

No plano competitivo, a luta para ficar rico é uma luta pelo poder sobre os outros e não inclui Deus, mas quando aderimos à mente criativa, tudo isso fica diferente.

Tudo o que é possível no caminho da grandeza e do desenvolvimento da alma, de serviço e esforço elevado, vem por meio do enriquecimento. Tudo tornar-se possível pelo uso de coisas.

Se você não tem saúde física, descobrirá que a obtenção dela está condicionada ao seu enriquecimento.

Somente aqueles que estão livres das preocupações financeiras, que têm os meios para uma existência livre de preocupações e que seguirem práticas higiênicas, somente eles podem ter e manter a saúde.

A grandeza moral e espiritual só é possível para aqueles que estão acima da batalha competitiva pela existência. E apenas aqueles que estão enriquecendo no plano do pensamento criativo estão livres das influências degradantes da competição.

Se seu coração está voltado para a felicidade doméstica, lembre-se de que o amor floresce melhor onde há refinamento, um alto nível de pensamento e liberdade de influências corruptas. Tudo isso só pode ser encontrado onde as riquezas são alcançadas pelo exercício do pensamento criativo, sem conflito ou rivalidade.

Você não deve almejar nada tão grande ou nobre, quanto tornar-se rico, e deve fixar sua atenção em sua imagem mental da riqueza, excluindo tudo o que possa obscurecer ou confundir essa visão.

Você deve aprender a ver a VERDADE em todas as coisas. Você deve ver, por trás de todas as condições aparentemente erradas, a vida maravilhosa e única sempre avançando em direção a uma expressão mais plena e a uma felicidade mais completa.

A verdade é que não existe pobreza. O que existe é só riqueza.

Algumas pessoas permanecem na pobreza porque ignoram o fato de que existe riqueza para elas. E essas pessoas podem ser mais bem orientadas se você mostrar-lhes o caminho para a riqueza através de você e de suas próprias atitudes.

Outros são pobres porque, embora sintam que há um caminho, são intelectualmente indolentes demais para fazer o esforço mental necessário para encontrá-lo e percorrê-lo. Para essas pessoas, a melhor coisa que você pode fazer é despertar o desejo nelas, mostrando-lhes a felicidade que vem através do enriquecimento da forma correta.

Outros ainda são pobres porque, embora tenham alguma noção de ciência, ficaram tão atolados e perdidos no labirinto de teorias metafísicas e ocultas que não sabem que caminho seguir. Eles tentam uma mistura de muitos sistemas e falham em todos. Para estes, novamente, a melhor coisa a fazer é mostrar o caminho certo através de você e de suas ações. Um exemplo prático vale mais que mil teorias.

A melhor coisa que você pode fazer pelo mundo inteiro é dar o melhor de si mesmo.

Não existe maneira mais eficiente de servir a Deus e à humanidade do que enriquecendo. Porém, você deve enriquecer pela criatividade e não pela competição.

Este livro fornece em detalhes os princípios da ciência de ficar rico. Não existem métodos mais científicos de cálculos matemáticos do que adição, subtração, multiplicação e divisão. Nenhum outro método é possível. Só pode haver uma distância mais curta entre dois pontos. Só existe uma maneira de pensar cientificamente: pensar da maneira que conduz pelo caminho mais direto e simples até o objetivo. Neste livro, apresento um sistema breve e simples. Esse método foi despojado de todos os itens não essenciais. Quando você começar a usá-lo, tenha foco nele, e os resultados vão aparecer.

> A confiança inabalável de que você poderá conseguir o que quer protegerá a sua mente contra tudo.

Leia este livro todos os dias. Mantenha-o com você, memorize-o.

Depois que você estiver bem e rico, poderá estudar outros sistemas o quanto quiser. Mas até que você tenha certeza de que já obteve o que deseja, não leia nada nessa linha, exceto este livro, a menos que sejam os autores mencionados no Prefácio.

E leia apenas os comentários mais otimistas sobre as notícias do mundo. Aqueles em harmonia com a sua imagem.

Além disso, adie suas investigações sobre o ocultismo. Não se envolva em teosofia[4], espiritualismo ou estudos afins. É muito provável que os mortos ainda vivam e estejam próximos. Mas se estiverem, deixe-os em paz e cuide da sua vida.

Onde quer que estejam os espíritos dos mortos, eles têm o próprio trabalho a fazer e os próprios problemas a resolver, e não temos o direito de interferir neles. Não podemos ajudá-los, e é muito duvidoso que eles possam nos ajudar se puderem ou que tenhamos o direito de interferir no tempo deles. Deixe os mortos e o além em paz e resolva seu problema. Fique rico. Se você começar a envolver-se com o oculto, iniciará correntes cruzadas mentais que certamente levarão suas esperanças ao naufrágio. Bem, este e os capítulos anteriores trouxeram-nos à seguinte declaração de fatos básicos:

Existe uma matéria pensante da qual todas as coisas são feitas e que, em seu estado original, permeia, penetra e preenche os espaços vazios do universo.

Um pensamento nessa matéria produz a coisa que é imaginada.

Uma pessoa pode dar forma às coisas em seu pensamento e, ao imprimir seu pensamento na Substância Amorfa, pode fazer com que aquilo que ela pensou seja criado.

---

4 Conjunto de doutrinas religiosas acrescidas eventualmente de reflexões filosóficas, que buscam o conhecimento da divindade para alcançar a elevação espiritual.

Para fazer isso, uma pessoa deve passar da mente competitiva para criativa; deve dar forma à uma clara imagem mental das coisas que deseja, e manter essa imagem em seus pensamentos com o PROPÓSITO fixo de conseguir o que deseja, e a confiança inabalável de que conseguirá o que quer, protegendo sua mente contra tudo o que possa abalar seu propósito, obscurecer sua visão ou extinguir sua fé.

E, além de tudo o que foi dito até aqui, veremos agora como a pessoa deve viver e agir de maneira assertiva.

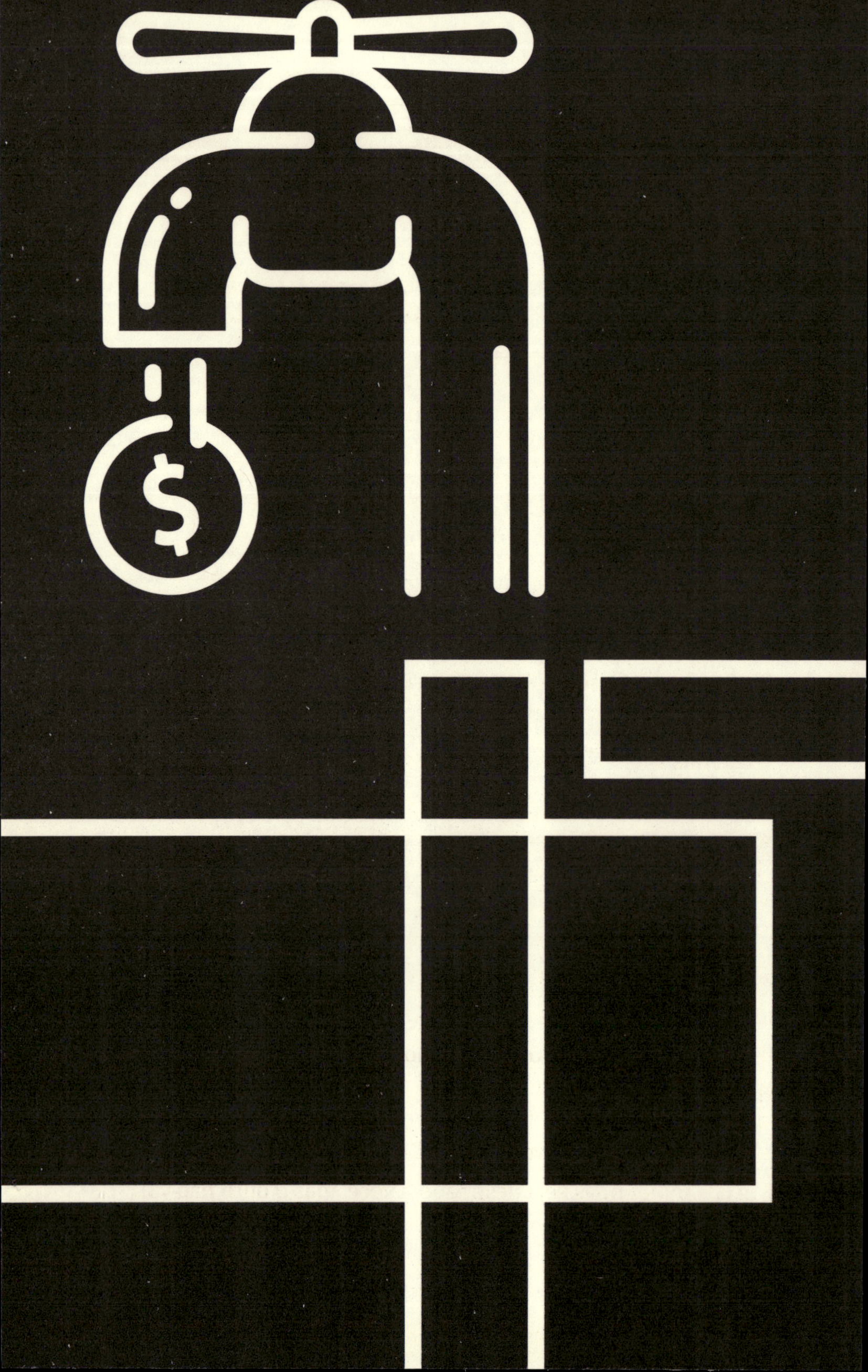

Agindo de maneira assertiva

O PENSAMENTO É A FORÇA MOTRIZ QUE FAZ COM QUE O PODER CRIATIVO atue. Pensar de maneira assertiva vai trazer riquezas para você. Mas você não deve confiar apenas no pensamento, sem prestar atenção à ação pessoal. Essa foi a rocha que causou o naufrágio de muitos pensadores metafísicos científicos – a falha em conectar o pensamento com a ação..

Ainda não alcançamos o estágio de desenvolvimento possível, no qual o homem poderá criar diretamente da Substância Amorfa sem os processos da natureza ou o trabalho das mãos humanas. Só pensar não é suficiente. A ação pessoal deve seguir complementando o pensamento.

Pelo pensamento, você pode fazer com que o ouro no coração das montanhas seja destinado a você, mas o ouro não vai se minerar sozinho, se refinar, se transformar em moedas e vir rolando pelas estradas procurando o caminho do seu bolso.

Pelo poder impulsionador do espírito supremo, os afazeres das pessoas serão ordenados de forma que alguém será levado a minerar o ouro para você. As transações comerciais de outras pessoas serão direcionadas de forma que o ouro chegue até você, e você deve organizar seus negócios para que possa recebê-lo quando ele chegar. Seu pensamento faz todas as coisas, animadas e inanimadas, trabalharem para trazer a você o que você deseja, mas sua atividade pessoal deve ser tal que você possa receber adequadamente o que quiser quando chegar até você. Você não irá obtê-lo por caridade, nem terá de roubá-lo. Você deve dar a cada pessoa mais em valor utilitário do que ela dá a você em valor monetário.

O uso científico do pensamento consiste em formar uma imagem mental clara e distinta daquilo que você deseja, em se apegar ao propósito de conseguir o que deseja e em perceber, com confiança e gratidão, que você *realmente consegue* o que deseja.

Não tente "projetar" seu pensamento de nenhuma forma misteriosa ou oculta, com a ideia de que ele vai sair fazendo coisas por você. Isso é esforço desperdiçado e enfraquecerá sua capacidade de pensar com sensatez.

A ação do pensamento em enriquecer foi totalmente explicada nos capítulos anteriores. Sua confiança e propósito imprimem positivamente sua visão sobre a Substância

Amorfa, que possui O MESMO DESEJO QUE VOCÊ TEM, DE MAIS VIDA. Essa visão, recebida de você, coloca todas as forças criativas em ação ATRAVÉS DE SEUS CANAIS COMUNS, em sua direção.

Não cabe a você guiar ou supervisionar o processo criativo. Tudo o que você precisa fazer é reter sua imagem mental, cumprir seu propósito e manter sua confiança e gratidão.

Mas você deve agir de maneira assertiva, para que possa apropriar-se do que é seu quando chegar até você, para que você possa encontrar as coisas que tem em sua imagem mental e colocá-las em seus devidos lugares assim que chegarem.

Você pode ver claramente a verdade disso. Quando as coisas chegarem a você, elas estarão nas mãos de outras pessoas, que pedirão um valor por elas. E você só poderá obter o que é seu dando à outra pessoa o que lhe cabe.

Sua carteira não vai se transformar em uma bolsa de investimentos, que estará sempre cheia de dinheiro, sem esforço de sua parte.

Esse é o ponto crucial na ciência de ficar rico. É bem aqui, onde o pensamento e a ação pessoal devem ser combinados. Existem muitas pessoas que, consciente ou inconscientemente, colocam as forças criativas em ação pela força e persistência de seus desejos, mas que permanecem pobres porque não se preparam para receber o que desejam quando aquilo que almejam chegar.

Pelo pensamento, a coisa que você deseja será trazida até você. Mas você somente a receberá através da ação.

Qualquer que seja a sua ação, é evidente que você deve agir AGORA. Você não pode agir no passado. E é essencial para a clareza de sua imagem mental que você afaste o passado de sua mente. Você também não pode agir no futuro, pois o futuro ainda não está aqui. E você não pode dizer como vai querer agir em qualquer contingência futura até que essa contingência chegue.

> **Mentalizar coloca a força criativa em movimento. A ação produz a força que o move ao lugar que deseja.**

Se você acha que não está no negócio certo ou no ambiente certo agora, não pense em adiar a ação até entrar no negócio ou ambiente certo. E não perca tempo no presente pensando no melhor curso em possíveis emergências futuras. Tenha fé em sua capacidade de enfrentar qualquer emergência quando ela chegar.

Se você agir no presente com sua mente no futuro, sua ação presente vai dividir sua mente e não será eficaz.

Coloque sua mente totalmente na ação presente.

Você não deve dar o impulso criativo à substância original e depois sentar para esperar pelos resultados. Se fizer isso, você nunca os obterá. Aja agora. Nunca haverá tempo senão no agora. Você deve começar agora a se preparar para receber o que deseja.

E sua ação, seja ela qual for, deve ser em seu negócio ou emprego atual, e deve ser pelas pessoas e coisas em seu ambiente atual.

Você não pode agir onde não está, nem onde esteve e nem onde estará. Você só pode agir agora e onde está.

Não se preocupe se o trabalho de ontem foi bem ou mal feito, faça bem o trabalho de hoje.

Não tente fazer o trabalho de amanhã agora. Haverá muito tempo para fazer isso quando você chegar lá.

Não tente, por meios ocultos ou místicos, agir sobre pessoas ou coisas que estão fora de seu alcance.

Não espere por uma mudança de ambiente antes de agir. Faça uma mudança de ambiente pela ação.

Você pode agir sobre o ambiente em que está agora, para que você seja transferido para um ambiente melhor.

Mantenha com fé e propósito a visão de si mesmo no melhor ambiente, mas aja no ambiente atual com todo o seu coração, com todas as suas forças e com toda a sua mente.

Não perca tempo sonhando acordado ou construindo castelos. Mantenha a imagem única do que você quer e aja AGORA.

Não se preocupe em buscar alguma coisa nova para fazer, ou alguma ação estranha, incomum ou notável a ser executada como primeira etapa para ficar rico. É provável que suas ações, pelo menos por algum tempo, sejam aquelas que você vem realizando há algum tempo, mas você deve começar agora a realizar essas ações de maneira assertiva. É isso que vai torná-lo rico.

Se você está envolvido em algum negócio e percebeu que não é o certo para você, não espere. Entre no negócio certo antes de começar a agir.

Não fique desanimado nem lamentando porque você se sente deslocado. Ninguém está tão deslocado que não possa encontrar o lugar certo, e ninguém está tão envolvido com o negócio errado que não possa entrar no negócio certo.

Mantenha a visão de si mesmo no negócio certo, com o propósito de entrar nele, mas AJA em seu negócio atual. Use seu negócio atual como meio de conseguir um melhor e use seu ambiente atual como meio de entrar em um melhor. Sua visão do negócio certo, se sustentada com convicção e propósito, ajudará o Supremo a trazer o negócio certo em sua direção. E sua ação, se realizada de maneira assertiva, fará com que você se mova em direção ao negócio.

Se você é um empregado ou assalariado e sente que deve mudar de lugar para conseguir o que deseja, não "projete" seu pensamento no espaço. Isso provavelmente irá falhar.

Mantenha a visão de si mesmo no trabalho que deseja, enquanto AGE com fé e propósito no trabalho que tem, e certamente conseguirá o trabalho que deseja.

Sua visão e confiança colocarão a força criativa em movimento para trazê-la em sua direção, e sua ação fará com que as forças em seu ambiente atual o movam em direção ao lugar que deseja. Ao encerrar este capítulo, adicionaremos outra declaração ao nosso programa:

Existe uma matéria pensante da qual todas as coisas são feitas e que, em seu estado original, permeia, penetra e preenche os espaços vazios do universo.

Um pensamento nessa matéria produz a coisa imaginada.

Uma pessoa pode formar coisas em seu pensamento e, ao imprimir seu pensamento na Substância Amorfa, pode fazer com que aquilo que pensou seja criado.

Para fazer isso, uma pessoa deve passar da mente competitiva para a criativa. Deve dar forma a uma clara imagem mental das coisas que deseja, e manter essa imagem em seus pensamentos com o PROPÓSITO fixo de conseguir o que deseja, e a FÉ inabalável de que vai conseguir o que quer, protegendo sua mente contra tudo o que possa abalar seu propósito, obscurecer sua visão ou extinguir sua fé.

Para que possa receber o que deseja, uma pessoa deve agir AGORA sobre as pessoas e coisas em seu ambiente atual.

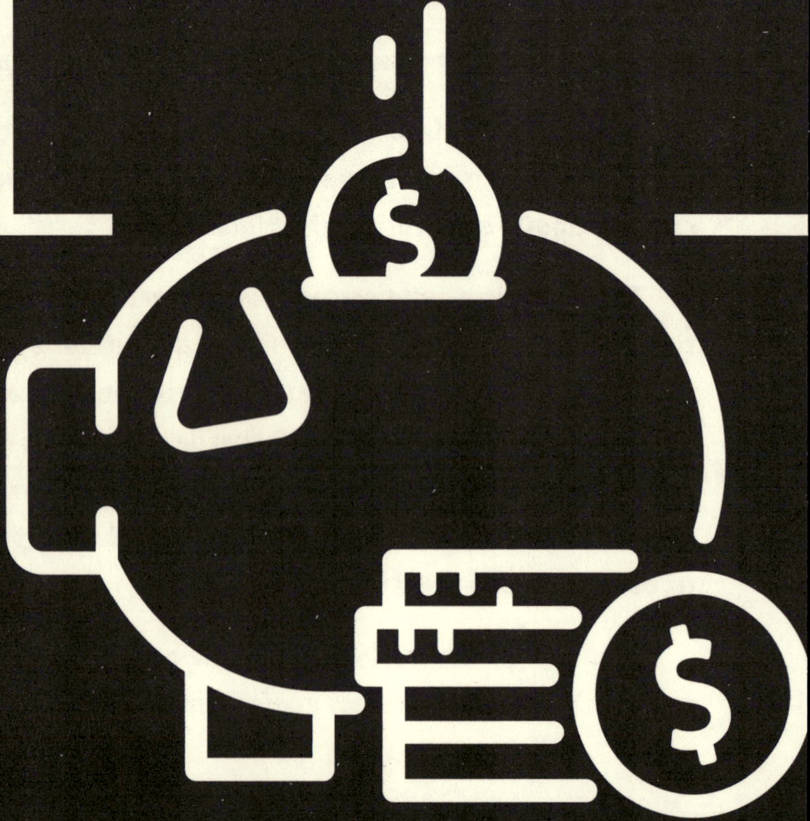

Ação eficiente

Você deve usar seu pensamento de acordo com as orientações dos capítulos anteriores e começar a fazer o que puder onde estiver.

Você só pode progredir se destacando em seu lugar atual. E ninguém se destaca em seu lugar atual se deixar de fazer algum trabalho relacionado a esse lugar.

O mundo é aperfeiçoado apenas por aqueles que preenchem seus lugares atuais.

Se ninguém ocupa completamente seu lugar atual, você

vai ver que há um retrocesso em tudo. Aqueles que não ocupam totalmente seus lugares atuais são um peso morto para a sociedade, o governo, o comércio e a indústria. Precisam ser carregados pelos outros a um alto custo.

O progresso do mundo é retardado apenas por aqueles que não ocupam os lugares onde estão. Eles pertencem a uma era anterior e a um estágio ou plano de vida inferior. Sua tendência é a degeneração.

Nenhuma sociedade pode progredir se cada pessoa faz o menos que pode onde está. A evolução social é guiada pela lei da evolução física e mental. No mundo animal, por exemplo, a evolução é causada pelo excesso de vida.

Quando um organismo tem mais vida do que pode ser expressa nas funções do plano em que está, ele desenvolve os órgãos de um plano superior, e uma nova espécie surge.

Nunca haveria novas espécies se esses organismos não tivessem ocupado seus lugares de modo eficiente. A lei é exatamente a mesma para você. Seu enriquecimento depende de você aplicar esse princípio a seus negócios.

Cada dia é um dia de sucesso ou de fracasso, e são os dias de sucesso que lhe proporcionam o que você deseja. Se todo dia for um fracasso, você nunca ficará rico. Por outro lado, se cada dia for um sucesso, você não vai fracassar em ficar rico.

Se há algo que pode ser feito hoje e você não o faz, você

falhou no que se refere a isso. E as consequências podem ser mais desastrosas do que você imagina.

Você não pode prever os resultados, nem mesmo do ato mais trivial. Você não conhece o funcionamento de todas as forças que foram colocadas em movimento a seu favor. Depende de você realizar algum ato simples, e isso pode ser o que abrirá as portas da oportunidade para possibilidades muito grandes. Você nunca sabe todas as combinações que a Inteligência Suprema está fazendo para você no mundo das coisas e dos afazeres humanos. Sua negligência ou falha em fazer alguma coisa pequena pode causar um longo atraso em obter o que deseja.

Faça, a cada dia, TUDO o que deve ser feito naquele dia.

Há, no entanto, uma limitação ou qualificação do que foi dito acima que você deve levar em consideração.

Você não deve trabalhar demais, nem se precipitar cegamente no esforço de fazer o maior número possível de coisas no menor tempo possível.

Você não deve tentar fazer o trabalho de amanhã hoje, nem fazer o trabalho de uma semana em um dia.

Não é o número de coisas que você faz, mas a EFICIÊNCIA de cada ação separada que conta.

Cada ato é, em si mesmo, um sucesso ou um fracasso.

Cada ato é, em si mesmo, eficaz ou ineficiente.

Todo ato ineficiente é um fracasso. Se você passar a vida praticando atos ineficientes, toda a sua vida será um fracasso.

Quanto mais coisas você faz, pior para você se todos os seus atos forem ineficientes.

Por outro lado, todo ato eficiente é um sucesso em si mesmo. E, se cada ato da sua vida for eficiente, toda a sua vida DEVERÁ ser um sucesso.

> **Quando uma pessoa começa a se mover em direção a uma vida mais próspera, mais coisas passarão a se conectar a ela.**

A causa do fracasso é fazer muitas coisas de maneira ineficiente e não fazer o suficiente de maneira eficiente.

Você verá que é uma afirmação evidente por si só, que se você não fizer nenhum ato ineficiente, e se fizer um número suficiente de atos eficientes, você ficará rico. Caso, agora, seja possível para você fazer cada ato de modo eficiente, você verá novamente que enriquecer está conectado a uma ciência exata, como a matemática.

Portanto, a questão é saber se você é capaz de transformar cada ato em um sucesso. E isso você certamente pode fazer.

Você pode fazer de cada ato um sucesso, porque Todo o Poder está trabalhando com você. E todo o poder não pode falhar.

Esse poder está a seu serviço. Para tornar cada ato eficiente, você só precisa colocar sua energia nele.

Uma ação pode ser forte ou fraca. Quando a ação é forte, você está agindo de maneira assertiva, o que vai conduzi-lo na direção da riqueza.

Cada ato pode tornar-se forte e eficiente quando você mantém sua imagem mental ao realizar a ação e quando você coloca todo o poder de sua FÉ e PROPÓSITO nela.

É nesse ponto que as pessoas que separam o poder mental da ação pessoal fracassam. Elas usam o poder da mente em um lugar e em um momento, e agem em outro lugar e em outro momento. Portanto, seus atos em si não são bem-sucedidos e muitos deles são ineficientes. Mas, se Todo o Poder estiver presente em cada ato, não importa o quão comum seja, cada ato será um sucesso. E como é da natureza das coisas, todo sucesso abre caminho para outros sucessos, Assim, seu progresso em direção ao que você deseja e o progresso do que você deseja em sua direção se tornarão cada vez mais rápidos.

Lembre-se de que a ação bem-sucedida é cumulativa em seus resultados. Visto que o desejo por mais vida é inerente a todas as coisas, quando uma pessoa começa a se mover em direção a uma vida mais próspera, mais coisas se conectam a ela, e a influência de seu desejo é multiplicada.

Faça, todos os dias, tudo o que você pode fazer naquele dia, e faça cada ação de maneira eficiente.

Ao dizer que você deve manter sua visão enquanto executa cada ação, por mais trivial ou comum que possa parecer, não quero dizer que seja necessário que você a veja distintamente em todos os detalhes o tempo todo. Esse deve ser o trabalho de suas horas de lazer. Usar a imaginação para criar os detalhes de sua visão e contemplá-la até que esteja firmemente fixada em sua memória.

Se você deseja resultados rápidos, gaste todo o seu tempo livre nessa prática.

Pela contemplação contínua, você obterá a imagem do que deseja, até nos menores detalhes, firmemente fixada em sua mente e completamente transferida para a mente da Substância Amorfa. Em suas horas de trabalho, você precisará ter sempre em mente a imagem, para estimular sua confiança e propósito e empenhar seus melhores esforços para ir adiante. Contemple a imagem nas horas de lazer até fixá-la em sua consciência de forma a lembrar-se dela instantaneamente. Você ficará tão entusiasmado com essas promessas brilhantes que o mero pensamento nelas irá despertar as energias mais fortes de todo o seu ser.

Vamos repetir o nosso plano e, mudando ligeiramente

as últimas afirmações para trazê-lo ao ponto que chegamos até agora:

Existe uma matéria pensante, da qual todas as coisas são feitas e que, em seu estado original, permeia, penetra e preenche os espaços vazios do universo.

Um pensamento nessa matéria produz a coisa que é imaginada.

Uma pessoa pode formar coisas em seu pensamento e, ao imprimir seu pensamento na Substância Amorfa, pode fazer com que aquilo que ela pensou seja criado.

Para isso, uma pessoa deve passar da mente competitiva para a mente criativa. Deve dar forma a uma imagem mental clara das coisas que deseja. E fazer, com confiança e propósito, tudo o que deve ser feito a cada dia, cada coisa isoladamente e de maneira eficiente.

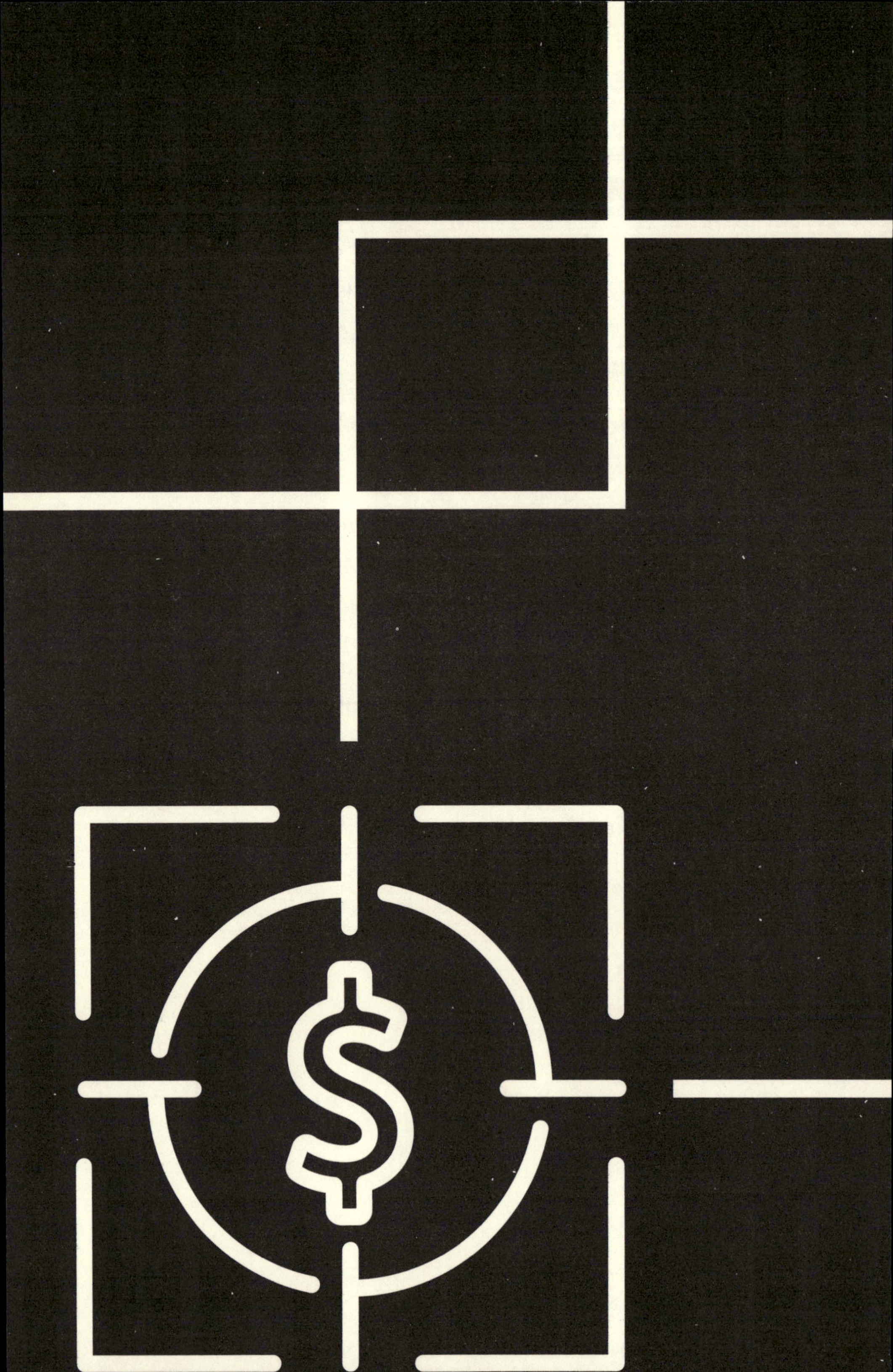

Entrando no negócio certo

O SUCESSO, DEPENDE, EM PRIMEIRO LUGAR, DE VOCÊ POSSUIR, EM UM ESTADO bem desenvolvido, as habilidades exigidas para o negócio que você escolher.

Sem uma boa habilidade musical, ninguém pode ter sucesso como professor de música. Sem habilidades bem desenvolvidas na área da mecânica, ninguém pode alcançar grande sucesso em algum trabalho mecânico. Sem diplomacia e sem habilidades comerciais, ninguém pode ter sucesso em atividades mercantis. Porém, somente ter as habilidades exigidas bem desenvolvidas em sua profissão não garante o enriquecimento. Existem músicos que possuem um talento notável, mas continuam pobres. Há ferreiros, carpinteiros e outros profissionais que têm excelente habilidade mecânica, mas não enriquecem. E há comerciantes com boas habilidades para lidar com pessoas e que, no entanto, falham.

As diferentes habilidades são ferramentas. É essencial ter boas ferramentas, mas também é essencial que as ferramentas sejam usadas da maneira certa. Uma pessoa pode pegar uma serra afiada, um esquadro, um bom prumo e construir um belo móvel. Outra pessoa pode usar as mesmas ferramentas e fazer uma réplica do móvel, mas sua reprodução ficar malfeita. Ela não sabe usar as ferramentas para ser bem-sucedida.

> Você ficará rico mais facilmente, em termos de esforço, se fizer aquilo para o qual está mais apto.

As várias habilidades de sua mente são as ferramentas com as quais você deve fazer o trabalho que o tornará rico. Será mais fácil para você ter sucesso se entrar em um negócio para o qual está bem equipado com ferramentas mentais.

De modo geral, você se sairá melhor naquele negócio em que usar suas habilidades mais fortes. Aquele para o qual você está naturalmente "mais bem equipado". Mas também há limitações para essa afirmação. Ninguém deve considerar sua vocação irrevogavelmente definida pelas tendências com as quais nasceu.

Você pode enriquecer em QUALQUER negócio. Se não tiver o talento certo para isso, pode desenvolvê-lo. Significa apenas que você precisa fazer suas ferramentas conforme avança, em vez de limitar-se ao uso daquelas com as quais você nasceu. Será MAIS FÁCIL para você ter sucesso em uma profissão para a qual você já tem as habilidades em um estado bem desenvolvido. Mas você também PODE ter sucesso em qualquer profissão, porque pode desenvolver qualquer talento essencial, e não há talento do qual você não tenha pelo menos uma noção rudimentar.

Você ficará rico mais facilmente, em termos de esforço, se fizer aquilo para o qual está mais apto. E enriquecerá de forma mais satisfatória se fizer o que QUER fazer.

Fazer o que queremos é vida. E não há verdadeira satisfação em viver se formos compelidos a fazer para sempre algo de que não gostamos.

E é certo que você pode fazer o que quiser. O desejo de fazer algo é prova de que você tem dentro de si o poder da escolha.

O desejo é uma manifestação de poder.

O desejo de tocar música é o poder para tocar música buscando expressão e desenvolvimento. O desejo de inventar dispositivos mecânicos é o talento mecânico que busca expressão e desenvolvimento.

Onde não há poder, desenvolvido ou não desenvolvido, para fazer uma coisa, nunca há qualquer desejo de fazer essa coisa. E um forte desejo de fazer algo é a prova de que o poder de fazê-lo é forte e só precisa ser desenvolvido e aplicado da maneira certa.

De qualquer forma, é melhor selecionar o negócio para o qual você tem o talento mais desenvolvido. Mas, se você tem um forte desejo de envolver-se em um tipo diferente de trabalho, você deve selecionar esse trabalho como seu objetivo final.

Você pode fazer o que quiser e é seu direito e privilégio seguir o negócio ou profissão que lhe for mais adequado e agradável.

Você não é obrigado a fazer o que não gosta e não deve fazê-lo, exceto como um meio de levá-lo a fazer o que deseja.

Se houveram erros cujas consequências o colocaram em um ambiente ou negócio indesejável, você pode ser obrigado, por algum tempo, a fazer o que não gosta. Mas você deve transformar essa situação em algo agradável, sabendo que isso lhe possibilitará fazer o que deseja.

Se você sente que não está na profissão certa, não aja precipitadamente ao tentar entrar em outra. Geralmente, a melhor maneira de mudar de negócio ou de ambiente é pelo crescimento.

Não tenha medo de fazer uma mudança repentina e radical se a oportunidade for apresentada e você sentir, após uma reflexão cuidadosa, que é a oportunidade certa. Porém, nunca tome uma ação repentina ou radical quando tiver dúvida se é certo fazê-lo.

Não há pressa no plano criativo e não faltam oportunidades.

Quando você sair da mente competitiva, compreenderá que nunca precisa agir precipitadamente. Ninguém mais vai vencê-lo no que você quer fazer. Há o suficiente para todos. Se um lugar for ocupado, outro melhor será aberto para você um pouco mais adiante. Quando você estiver em dúvida, espere. Contemple novamente sua visão mental e aumente sua fé e propósito. E usando todos os meios, em tempos de dúvida e indecisão, pratique a gratidão.

Passar um ou dois dias contemplando a imagem do que você quer, e em sincero agradecimento por estar conseguindo, trará sua mente a um relacionamento tão íntimo com o Supremo que você não cometerá nenhum erro quando agir.

Existe uma mente que sabe tudo o que há para saber, e você pode entrar em união íntima com essa mente pela fé e pelo propósito de prosperar na vida. Basta ter profunda gratidão.

Os erros vêm de agir precipitadamente, ou de agir com medo ou dúvida, ou no esquecimento do motivo certo, que é mais vida para todos.

À medida que você prossegue de maneira assertiva, as oportunidades virão a você em número crescente e você precisará ser muito firme em sua fé e propósito, e manter-se em contato próximo da mente suprema por meio de uma gratidão reverente.

Faça tudo o que puder de maneira rápida perfeita todos os dias, mas sem pressa, preocupação ou medo. Vá o mais rápido que puder, mas nunca com pressa.

Lembre-se de que, no momento em que você começa a se apressar, você deixa de ser um criador e se torna um competidor. E você retorna ao velho plano, de novo.

Sempre que você estiver com pressa, pare. Fixe sua atenção na imagem mental daquilo que você deseja e comece a agradecer por estar conseguindo. O exercício de GRATIDÃO nunca deixará de fortalecer sua fé e renovar seu propósito.

A impressão de prosperidade

Quer você mude de profissão ou não, suas ações devem ser aquelas relativas ao negócio em que você está engajado no momento.

Você pode entrar no negócio que deseja fazendo uso construtivo do negócio em que já está estabelecido; fazendo seu trabalho diário de maneira assertiva.

E, como seu negócio consiste em lidar com outras pessoas, seja fisicamente ou por carta, o pensamento-chave de todos os seus esforços deve ser transmitir à sua mente a impressão de prosperidade.

Prosperidade é o que todos os homens e mulheres procuram. É o desejo da Inteligência Amorfa dentro deles, buscando uma expressão mais plena.

O desejo de crescimento é inerente a toda a natureza; é o impulso fundamental do universo. Todas as atividades humanas devem ser baseadas no desejo de crescimento. As pessoas procuram mais comida, mais roupas, melhor abrigo, mais luxo, mais beleza, mais conhecimento, mais prazer – prosperidade em algo, mais vida.

Toda coisa viva tem essa necessidade de progresso contínuo. Onde a prosperidade da vida cessa, a dissolução e a morte instalam-se imediatamente.

O ser humano sabe disso de modo instintivo e, portanto, está sempre buscando mais. Esta lei de prosperidade perpétua é apresentada por Jesus na parábola dos dez talentos: "apenas aqueles que ganham mais retêm algum; daquele que não tem, até o que tem será tirado".

O desejo normal de enriquecer não é algo vil ou repreensível. É, simplesmente, o desejo de uma vida mais abundante. É aspiração.

E por ser o instinto mais profundo de suas naturezas, todos os homens e mulheres são atraídos para aquele que pode lhes dar mais meios de vida.

Ao seguir de maneira assertiva, conforme descrito nas páginas anteriores, você terá um progresso contínuo para si mesmo e passará isso a todos os que o cercam.

Você é um centro criativo, através do qual a prosperidade será passada a todos.

Acredite nisso e transmita a certeza do fato a cada homem, mulher e criança com quem você tiver contato. Não importa o quanto pequena seja a transação, mesmo que seja apenas a venda de um pedaço de doce para uma criança, coloque nela o pensamento de prosperidade e certifique-se de que o cliente fique impressionado com o pensamento.

Transmita a impressão de prosperidade em tudo o que você faz, de modo que todas as pessoas tenham a impressão de que você é uma pessoa próspera e que faz progredir todos os que lidam com você.

> Não se vanglorie ou se gabe de seu sucesso: a verdadeira fé nunca é arrogante.

Passe o pensamento de prosperidade mesmo para as pessoas que você só conhece socialmente, sem nenhuma intenção de negócios, e para quem você não irá vender nada.

Você pode transmitir essa impressão mantendo a fé inabalável de que você mesmo está no caminho da prosperidade e deixando essa fé inspirar, preencher e permear cada ação.

Faça tudo o que você faz com a firme convicção de que

você é uma pessoa próspera e que está dando prosperidade a todos.

Sinta que você está ficando rico e, ao fazê-lo, está enriquecendo os outros e conferindo benefícios a todos.

Não se vanglorie ou se gabe de seu sucesso, nem fale sobre ele desnecessariamente. A verdadeira fé nunca é arrogante.

Onde quer que você encontre uma pessoa arrogante, você encontrará alguém que está intimamente duvidoso e amedrontado. Simplesmente sinta a fé e deixe-a funcionar em cada transação. Deixe que cada ato, tom e aparência expressem a serena segurança de que você está ficando rico, que você já é rico. Não serão necessárias palavras para comunicar esse sentimento aos outros. Eles sentirão uma sensação de prosperidade quando em sua presença, e serão atraídos por você novamente.

Você deve impressionar os outros de tal forma que eles sintam que, ao associar-se a você, obterão prosperidade para eles mesmos. Cuide para que você dê a eles um valor utilitário maior do que o valor monetário que recebeu deles.

Tenha um orgulho honesto em fazer isso e deixe todo mundo saber disso, e não lhe faltarão clientes e companhia. As pessoas irão para onde veem prosperidade. E o Supremo, que deseja prosperidade a tudo e que tudo sabe, levará em sua direção homens e mulheres que nunca ouviram falar de você. Seu negócio aumentará rapidamente e você ficará surpreso com os benefícios inesperados que virão até você. Você poderá, dia a dia, obter combinações maiores, garantir maiores vantagens e prosseguir para uma profissão mais adequada, se desejar.

Mas, ao fazer tudo isso, você nunca deve perder de vista a imagem do que deseja, nem sua fé e propósito em conseguir o que deseja.

Vou deixar aqui um alerta!

Cuidado com a tentação de exercer poder sobre outras pessoas.

Nada é tão agradável para uma mente malformada ou parcialmente desenvolvida do que o exercício do poder ou domínio sobre os outros. O desejo de governar para a satisfação própria tem sido a maldição do mundo. Por incontáveis eras, reis e senhores encharcaram a terra com sangue em suas batalhas para estender seus domínios. Isso não é para buscar mais vida para todos, mas para obter mais poder para si mesmo.

Hoje, a principal motivação no mundo empresarial e industrial é a mesma: os homens disponibilizam seus milhões de dólares e destroem a vida e o coração de milhões de pessoas na corrida louca pelo poder sobre os outros. Os reis comerciais, assim como os reis políticos, são inspirados pela ânsia de poder.

Jesus viu nesse desejo de dominar o estímulo movente daquele mundo maligno que Ele procurava derrubar. Leia o capítulo 23 de *Mateus* e veja como Ele retrata a luxúria dos fariseus de serem chamados de "Mestres", de sentarem nos lugares altos, dominar os outros e colocar fardos nas costas dos menos afortunados. E observe como Ele compara esse desejo de domínio com a busca fraterna do Bem Comum, para a qual Ele chama Seus discípulos.

> **O desejo de governar para a satisfação própria e obter mais poder para si mesmo tem sido a maldição do mundo.**

Cuidado com a tentação de buscar autoridade, de tornar-se um "mestre", de ser considerado alguém que está acima do rebanho comum, de impressionar os outros pela exibição extravagante, e assim por diante.

A mente que busca o domínio sobre os outros é a mente competitiva, e a mente competitiva não é a criativa. Para controlar seu ambiente e seu destino, não é necessário que você governe seus semelhantes. Quando você cai na luta pelos lugares altos, você começa a ser conquistado pelo destino e pelo ambiente, e seu enriquecimento se torna uma questão de oportunismo e especulação.

Cuidado com a mente competitiva! Nenhuma declaração melhor do princípio da ação criativa pode ser formulada do que a "Regra de Ouro" de Samuel Milton Jones[5], prefeito de Toledo: "O que eu quero para mim, quero para todos".

---

5   Samuel Milton Jones (1846-1904) foi prefeito de Toledo, em Ohio, de 1897 a 1904 e era conhecido como defensor excêntrico da reforma municipal.

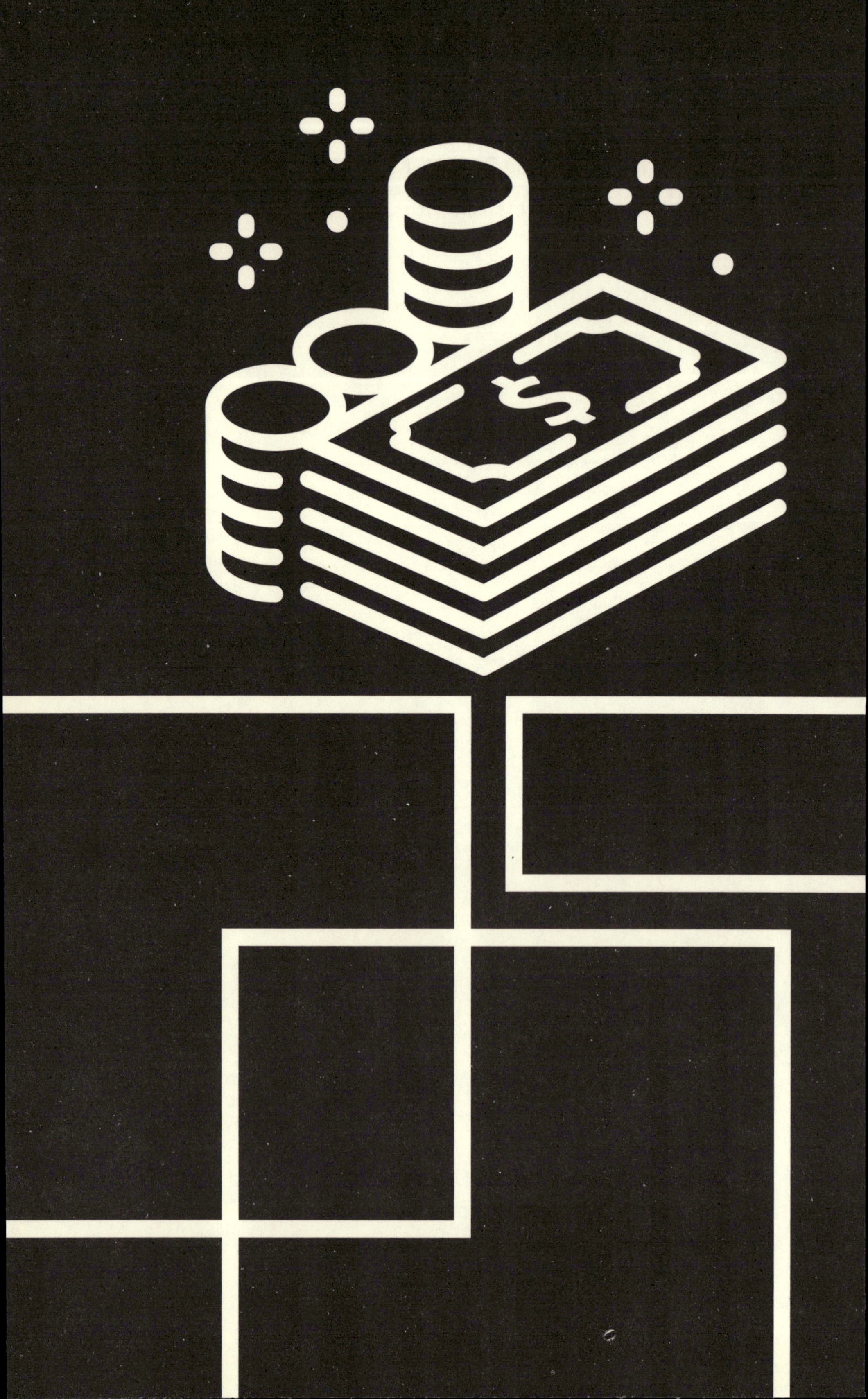

A pessoa próspera

O QUE EU DISSE NO CAPÍTULO ANTERIOR APLICA-SE AO PROFISSIONAL E AO ASSALAriado e também à pessoa que está envolvida com outros tipos de negócios.

Não importa se você é médico, professor ou clérigo. Se puder dar prosperidade à vida de outros e torná-los conscientes do fato, eles serão atraídos até você e você ficará rico. O médico que tem a visão de si mesmo como um grande e bem-sucedido profissional, e que trabalha para a realização completa dessa visão com fé e propósito, conforme descrito nos capítulos anteriores, entrará em contato tão próximo com a fonte da vida que ele terá um sucesso fenomenal e os pacientes virão a ele em multidões.

Ninguém tem maior oportunidade de levar a efeito os ensinamentos deste livro do que o profissional da medicina. Não importa a qual das várias escolas ele pertença, porque o princípio da cura é comum a todas elas e pode ser alcançado por todos igualmente. A pessoa próspera na medicina, que mantém uma imagem mental clara de si mesmo como bem-sucedido – e que obedece às leis da fé, propósito e gratidão –, curará todos os casos curáveis que acompanhar, não importando os remédios que possa usar.

No campo da religião, o mundo clama pelo clérigo que possa ensinar a seus ouvintes a verdadeira ciência da vida abundante. Para aquele que domina os detalhes da ciência de ficar rico, junto com as ciências aliadas de estar bem, de ser grande e de conquistar o amor – e que ensina esses detalhes. As pessoas ouvirão com alegria e darão apoio total a quem demonstrar prosperidade de vida.

Agora, é necessária uma demonstração da ciência da vida fora do palco. Queremos guias que não apenas possam nos dizer como, mas que em sua pessoa nos mostrem como. Precisamos do guia rico, saudável, grandioso e amado, para nos ensinar como alcançar essas coisas. E quando ele vier, encontrará numerosos e leais seguidores.

O mesmo é verdade para o professor que pode inspirar as

crianças com a fé e o propósito da vida para o progresso. Ele nunca ficará "sem emprego". E qualquer professor que tenha essa fé e propósito pode transmiti-los a seus alunos. Ele não pode deixar de ensinar a eles, uma vez que isso faz parte de sua vida e prática.

O que é verdade para o professor, o pastor e o médico, é verdade também para o advogado, o dentista, o corretor de imóveis, o agente de seguros, enfim, para todos.

As ações mentais e pessoais combinadas que descrevi são infalíveis. Todo homem e mulher que seguir essas instruções com firmeza, perseverança e ao pé da letra, enriquecerá. A lei da prosperidade da vida é uma operação matemática tão certa quanto a lei da gravidade. Enriquecer é uma ciência exata.

O assalariado achará isso tão verdadeiro em seu caso quanto foi verdadeiro para os outros casos mencionados. Não sinta que não tem chance de enriquecer porque está trabalhando onde não há oportunidades visíveis de progresso, onde os salários são pequenos e o custo de vida alto. Forme sua imagem mental clara do que você quer e comece a agir com convicção e propósito.

> **As pessoas ouvirão com alegria e darão apoio total a quem demonstrar prosperidade de vida.**

Faça todo o trabalho que você puder fazer, todos os dias, e faça cada parte do trabalho de maneira bem feita. Coloque o poder do sucesso e o propósito de enriquecer em tudo o que você faz.

Mas não faça isso meramente com a ideia de conseguir favores de seu empregador, na esperança de que ele reconheça seu bom trabalho e o promova. É improvável que o faça.

A pessoa que apenas trabalha "bem", ocupando seu lugar com o melhor de sua capacidade e satisfeita com isso, é valiosa para seu empregador e ele não está interessado em promovê-la. Essa pessoa vale mais onde está para seu empregador.

Para garantir seu progresso, algo mais é necessário do que se destacar em sua função.

A pessoa que certamente vai progredir é aquela que é grandiosa demais para sua função e que tem uma noção clara do que quer ser; aquela que sabe que pode se transformar no que deseja ser, e que está determinada a SER o que deseja ser.

Não tente se destacar em sua função atual com o objetivo de agradar o seu empregador. Faça isso com a ideia de progredir. Mantenha a fé e o propósito de progredir antes, durante e depois do expediente. Mantenha-os de tal forma que toda pessoa que entrar em contato com você, seja seu chefe, colega de trabalho, familiar ou um conhecido, sentirá o poder do propósito irradiando de você, de forma que todos tenham a sensação de prosperidade e crescimento com você. As pessoas se sentirão atraídas por você e, se não houver possibilidade de progredir em seu trabalho atual, em breve você terá uma oportunidade de aceitar outro emprego.

Há um poder sobrenatural que nunca deixa de apresentar oportunidades à pessoa que prospera, que se move em obediência à lei.

Deus não pode deixar de ajudá-lo, se você agir de maneira assertiva. Ele vai fazer isso para se ajudar.

Não há nada em suas circunstâncias ou na situação industrial que possa derrotá-lo. Se você não pode ficar rico trabalhando para a indústria, pode ficar rico em uma fazenda ou em qualquer outro setor em que trabalhar. E se você começar a agir de maneira assertiva, certamente escapará das "garras" da indústria e irá para a fazenda, ou para qualquer outro lugar onde desejar estar.

Se alguns milhares de funcionários adotassem essa atitude, a indústria logo estaria em uma situação difícil. A empresa teria que dar mais oportunidades a seus trabalhadores ou sair do mercado. Ninguém é obrigado a trabalhar para uma grande empresa. As empresas podem manter seus funcionários em condições desesperadoras apenas enquanto houver pessoas que sejam muito ignorantes para não querer conhecer a ciência de ficar rico ou muito preguiçosas intelectualmente para praticá-la.

Comece a pensar e agir de maneira assertiva e sua confiança e propósito o farão ver rapidamente qualquer oportunidade de melhorar sua condição.

Essas oportunidades virão rapidamente, pois o Supremo, trabalhando em todos e trabalhando para você, as colocará diante de você.

> **Haja de maneira assertiva e verá mais clara e rapidamente as oportunidades de melhoria.**

Não espere por uma oportunidade de ser tudo o que você deseja ser. Quando surgir uma oportunidade de ser mais do que você é agora, e você se sentir impelido a ela, aproveite-a. Será o primeiro passo em direção a uma oportunidade maior.

Neste universo é impossível faltar oportunidades para o homem que está vivendo uma vida próspera.

É inerente à constituição do cosmos que todas as coisas sejam para ele e cooperem para o seu bem, e ele certamente enriquecerá aquele que agir e pensar de maneira assertiva. Portanto, deixem que os trabalhadores, homens e mulheres, estudem este livro com grande cuidado e iniciem com confiança o plano de ação que ele prescreve. Não vai falhar.

Alguns cuidados
e observações finais

MUITAS PESSOAS ZOMBAM DA IDEIA DE QUE EXISTE UMA CIÊNCIA EXATA para enriquecer e, mantendo a impressão de que a oferta de riqueza é limitada, eles insistirão que as instituições sociais e governamentais devem ser alteradas antes que um número considerável de pessoas possa desenvolver suas habilidades.

Mas isso não é verdade.

É verdade que os governos existentes mantêm o povo na pobreza, mas isso ocorre porque as pessoas não pensam nem agem de maneira assertiva.

Se as pessoas começarem a agir como sugerido neste livro, nem os governos nem os sistemas industriais podem detê-las. Todos os sistemas devem ser modificados para acomodar o movimento do progresso.

Se as pessoas têm em mente a prosperidade, mantêm a fé de que podem enriquecer e seguem em frente com o propósito fixo de se tornarem ricas, nada pode mantê-las na pobreza.

Os indivíduos podem começar a agir de maneira assertiva a qualquer momento, e sob qualquer governo, e enriquecer. E quando um número considerável de indivíduos fizer isso sob qualquer governo, eles farão com que o sistema seja modificado de modo a abrir o caminho para outros.

Quanto mais homens enriquecem no plano competitivo, pior para os outros. Quanto mais enriquecem no plano criativo, melhor para os outros.

A salvação econômica das pessoas só pode ser alcançada se um grande número delas praticar o método científico estabelecido neste livro e enriquecer. Essas pessoas mostrarão o caminho aos outros e os inspirarão com o desejo de uma vida real, com a fé de que ela pode ser alcançada e com o propósito de alcançá-la.

Por enquanto, porém, é suficiente saber que nem o governo sob o qual você vive, nem o sistema capitalista ou competitivo da indústria podem impedi-lo de enriquecer. Quando você entra no plano de pensamento criativo, você se coloca acima de todas essas coisas e torna-se um cidadão de outro reino.

Mas lembre-se de que é fundamental manter seu pensamento no plano criativo. Nem por um instante você deve considerar que a fonte é limitada, nem agir no nível moral de competição.

Sempre que você tropeçar nas velhas formas de pensamento, corrija-se imediatamente, porque quando você entra na mente competitiva, você perde a cooperação da Mente Suprema.

Não perca tempo planejando como você vai resolver as emergências no futuro. Você está envolvido com o trabalho de hoje de uma maneira bem-sucedida, e não com emergências que podem surgir amanhã. Essas você pode resolvê-las quando surgirem.

> **Todos os sistemas devem ser modificados para acomodar o movimento do progresso.**

Não se preocupe com perguntas sobre como você deve superar os obstáculos que podem surgir em seu horizonte de negócios, a menos que você possa ver claramente que seu curso deve ser alterado hoje a fim de evitar esses obstáculos.

Não importa o quanto enorme possa parecer uma obstrução a distância. Você vai descobrir que, se continuar de maneira assertiva, ela desaparece à medida que você se aproxima ou que surja outro caminho para contorná-la.

Nenhuma combinação possível de circunstâncias pode derrotar um homem ou uma mulher que está enriquecendo segundo linhas estritamente científicas. Nenhum homem ou mulher que obedece a essa lei vai deixar de enriquecer, assim como ninguém pode multiplicar dois por dois e não obter quatro.

Não pense com ansiedade em possíveis desastres, obstáculos, pânicos ou combinações desfavoráveis. Há tempo suficiente para enfrentar essas coisas quando elas surgem diante de você no presente imediato. E você vai descobrir que cada dificuldade traz consigo os meios para sua superação.

Controle seu discurso. Nunca fale de si mesmo, de seus negócios ou de qualquer outra coisa de forma desencorajada ou desanimadora.

Não admita a possibilidade de fracasso, nem fale de uma forma que pressuponha o fracasso como uma possibilidade.

Nunca pense que os tempos estão difíceis, nem que as condições do negócio são duvidosas. Os tempos podem ser difíceis e os negócios duvidosos para aqueles que estão no plano competitivo, mas nunca serão para você. Você pode criar o que quiser e está acima do medo.

É quando outras pessoas ou empresas estão passando

por momentos difíceis e de negócios ruins, que vão aparecer as maiores oportunidades.

Treine sua mente para pensar e ver o mundo como algo que está mudando, que está crescendo, e considere aquilo que parece ruim como sendo apenas o que é subdesenvolvido. Sempre fale em termos de progresso. Fazer o contrário é negar sua crença, e negar sua crença é perdê-la.

Nunca permita se sentir decepcionado. Você pode esperar ter uma determinada coisa em um determinado momento e não conseguir obtê-la. Isso parecerá um fracasso. Mas se você mantiver sua confiança, vai descobrir que o fracasso é apenas aparente.

Continue agindo de maneira assertiva. Se você não receber aquilo que esperava, você vai receber algo muito melhor. E verá que o aparente fracasso foi realmente um grande sucesso.

Um estudante dessa ciência decidiu fazer uma determinada combinação de negócios que, na época, lhe pareceu muito desejável. Ele trabalhou por algumas semanas para realizá-la. Quando chegou o momento crucial, veio o fracasso, de uma forma totalmente inexplicável. Era como se alguma influência invisível estivesse trabalhando secretamente contra ele. Ele não ficou decepcionado. Ao contrário, agradeceu a Deus por seu desejo ter sido rejeitado e seguiu em frente com uma mente grata. Em algumas semanas, surgiu uma oportunidade muito melhor, que ele não teria conseguido com o primeiro negócio em hipótese alguma. Então ele percebeu que uma Mente que sabia mais do que ele o impediu de perder o melhor envolvendo-se com o menor.

É assim que todo aparente fracasso funcionará para você, se você mantiver sua fé, seu propósito, ser grato e fazer, todos os dias, tudo o que pode ser feito naquele dia, realizando cada ato separadamente, de uma maneira bem-sucedida.

> **Fracassos são aparentes. Você pode criar o que quiser e ficar acima do próprio medo.**

Quando você não alcança o que buscava, é porque não pediu o suficiente. Continue tentando, e algo maior do que você estava procurando virá até você. Lembre-se disso.

Você não falhará porque não tem o talento necessário para fazer o que deseja. Se você continuar como indiquei, desenvolverá todo o talento necessário para fazer seu trabalho.

Não está no escopo deste livro lidar com a ciência do cultivo de talentos. Mas é tão certo e simples quanto o processo de enriquecimento.

Entretanto, não hesite nem vacile por medo de que, quando chegar a determinado ponto, irá falhar por falta de habilidade. Continue em frente, e quando você chegar a esse ponto, a habilidade será fornecida a você. A mesma fonte de habilidade que permitiu ao autodidata Lincoln fazer o melhor governo já realizado por uma pessoa está à sua disposição. Você pode atrair para sua mente toda a sabedoria existente, a fim de cumprir as responsabilidades que lhe são impostas. Continue com toda sua fé.

Estude este livro. Faça dele seu companheiro constante até que você tenha dominado todas as ideias nele contidas. Enquanto você estiver firmando-se nessa fé, ficará bem se desistir da maioria das recreações e prazeres e ficar longe de lugares onde ideias conflitantes com essas são apresentadas em palestras ou sermões. Não leia um material pessimista ou conflitante, nem entre em discussões sobre o assunto. Evite leituras além dos escritores mencionados no Prefácio. Passe a maior parte de seu tempo de lazer contemplando sua imagem mental, cultivando a gratidão e lendo este livro. Ele contém tudo o que você precisa saber sobre a ciência de enriquecer.

No capítulo seguinte você vai encontrar todos os fundamentos da ciência para ficar rico resumidos.

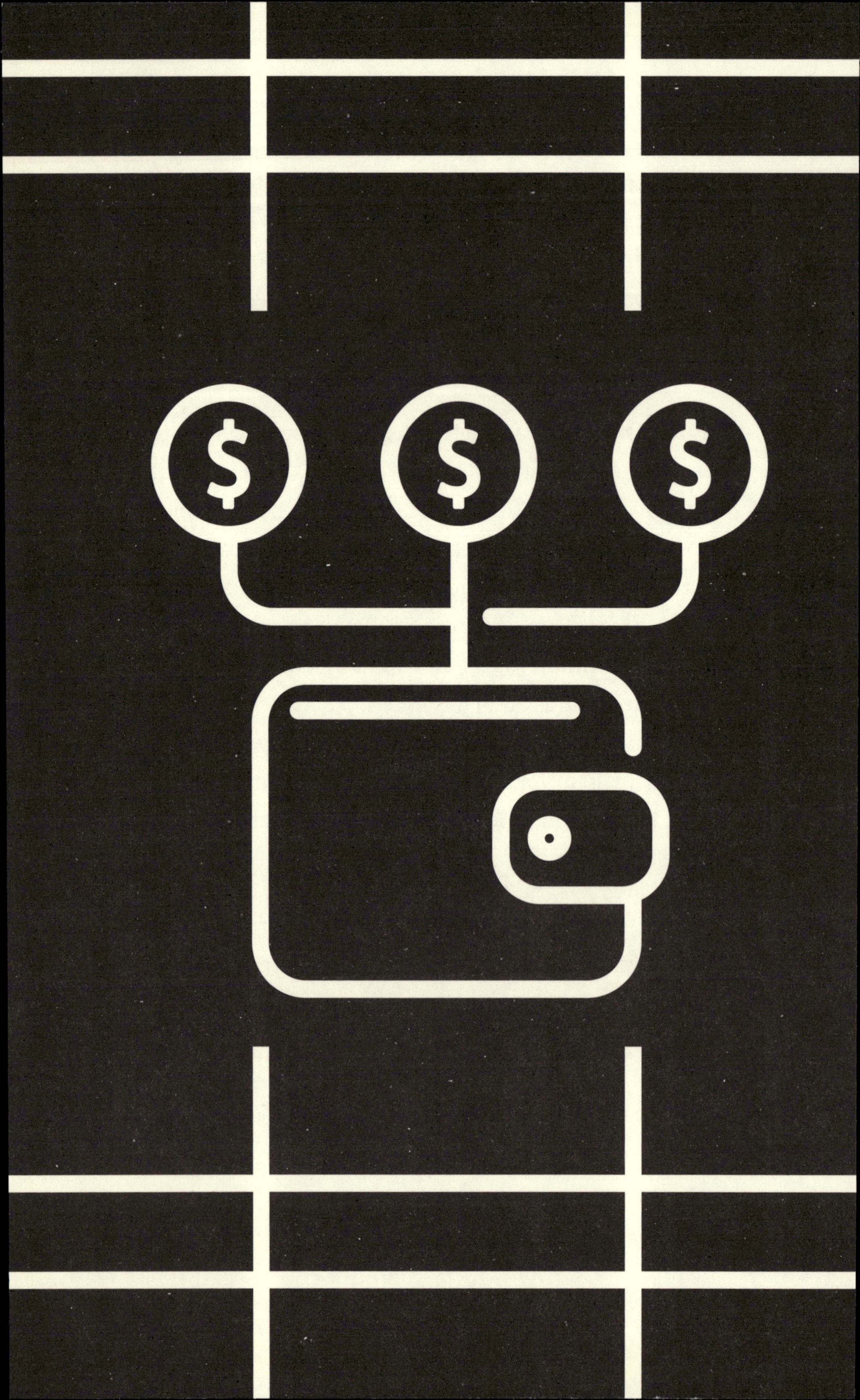

Resumo da ciência de ficar rico

Existe uma matéria pensante da qual todas as coisas são feitas e que, em seu estado original, permeia, penetra e preenche os espaços vazios do universo.

Um pensamento nessa matéria produz a coisa que é imaginada.

Uma pessoa pode formar coisas em seu pensamento e, ao imprimir seu pensamento na Substância Amorfa, pode fazer com que aquilo que pensou seja criado.

Para fazer isso, uma pessoa deve passar da mente competitiva para a criativa, caso contrário, ela não pode estar em harmonia com a Inteligência Amorfa, que, por natureza, é sempre criativa e nunca competitiva.

Uma pessoa pode entrar em plena harmonia com a Substância Amorfa, nutrindo uma gratidão viva e sincera pelas bênçãos que recebe. A gratidão unifica a mente da pessoa com a inteligência da substância, de forma que os pensamentos da pessoa são recebidos pela Substância Amorfa. A pessoa pode permanecer no plano criativo unindo-se à Inteligência Amorfa por meio de um profundo e contínuo sentimento de gratidão.

> A ansiedade não pode diminuir a importância da contemplação frequente da imagem mental.

A pessoa deve formar uma imagem mental clara e definida das coisas que deseja ter, fazer ou tornar-se. Também deve manter essa imagem mental em seus pensamentos, sendo sempre profundamente grata ao Supremo. A pessoa que deseja enriquecer deve passar suas horas de lazer contemplando sua imagem mental e em sincero agradecimento, porque seus desejos estão se transformando em realidade. A ansiedade não pode diminuir a importância da contemplação frequente da imagem mental, juntamente com a fé inabalável e devotada gratidão. Esse é o processo pelo qual a impressão é dada à Substância Amorfa, e as forças criativas são colocadas em movimento.

A energia criativa atua por meio dos canais estabelecidos de crescimento natural e da ordem industrial e social. Tudo o que estiver em sua imagem mental certamente será trazida à pessoa que segue as instruções dadas acima, e cuja fé não se abala. O que ela deseja virá através dos meios de negociação e comércio estabelecidos.

A fim de receber o que é seu no devido tempo, uma pessoa precisa ser ativa, e essa atividade deve ir além de preencher sua posição atual. Ela deve ter em mente o propósito de enriquecer por meio da realização de sua imagem mental. E deve fazer, todos os dias, tudo o que pode ser feito naquele dia, realizando cada ação de forma bem-sucedido. Ela deve dar a cada pessoa um valor utilitário superior ao valor monetário que recebe, de modo que cada transação crie mais vida. Ela deve manter o pensamento de prosperidade para que a impressão de progresso seja comunicada a todos com quem ela tenha contato.

Os homens e mulheres que praticarem todas essas instruções certamente ficarão ricos. E a riqueza que vão receber estará na proporção exata da precisão de sua imagem mental, na firmeza de seu propósito, na imutabilidade de sua fé e na profundidade de sua gratidão.

Impressão e acabamento
Gráfica Oceano